Typisch Kempten

Ein Führer durch die älteste Stadt Deutschlands

Autor **Ralf Lienert** durchlief eine kaufmännische und fotografische Ausbildung. Der Redakteur lebt mit seiner Familie in Kempten und ist bei vielen aktuellen Ereignissen in der Region für die größte bayerische Regionalzeitung tätig.

Verlag Tobias Dannheimer Kempten

Basilika vor den Alpen

INHALT

Unsere Allgäubuch-TopTen führen Sie an die traumhaftesten Orte und zu den spannendsten Sehenswürdigkeiten.

1 DIE BASILIKA ST. LORENZ
ist der erste große Kirchenbau Süddeutschlands nach dem Dreißigjährigen Krieg (S. 51).

2 DER RATHAUSPLATZ
ist der Treffpunkt für Jung und Alt zu allen Jahres- und Tageszeiten. Hier gibt es Stadtfeste, Weihnachtsmarkt und jede Menge Platz zum gemütlichen Plausch (S. 44).

3 IN DEN KLEINEN THERMEN
badete vor 2000 Jahren der römische Statthalter von Cambodunum. Der wieder aufgebaute Gallorömische Tempelbezirk eröffnet einen Blick über die Stadt am Fluss (S. 41).

4 DAS ALLGÄU-MUSEUM
im Kornhaus bietet eine Zeitreise auf sechs Etagen, durch pionierhafte und glanzvolle Epochen, entführt in die Welt von Bauern, Bürgern und Fürstäbten (S. 56).

5 DAS RESTAURANT SKYLINE
öffnet einen traumhaften Blick über die Stadt und die Alpenkette (S. 15).

6 DIE FUSSGÄNGERZONE
lädt zum Bummeln ein. Zwischen Galeria Kaufhof und Forum Allgäu werden beinahe alle Kaufwünsche erfüllt (S. 27).

7 DIE PRUNKRÄUME
der Residenz dienten den Fürstäbten zur Repräsentation. Der Thronsaal ist mit seiner Rokoko-Ausstattung einmalig (S. 52).

8 DIE ST. MANG-KIRCHE
ist seit 1527 das Zentrum der Protestanten in der Region. Das Untergeschoß der Erasmuskapelle ist zum Schauraum der Reichsstadtgeschichte ausgebaut worden (S. 47).

9 IN DER BIGBOX ALLGÄU
finden Konzerte namhafter Künstler sowie Messen statt (S. 13).

10 DAS CAMBOMARE
ist ein Freizeitbad mit Wasserrutschen und großzügiger Saunalandschaft (S. 76).

Ihr Tag in Kempten

Sehenswertes und einmalige Eindrücke. Genießen Sie einen besonderen Tag mit den Tipps unseres Experten.

07:00 Erleben Sie den Sonnenaufgang auf dem Mariaberg mit Blick auf Kempten und die Zugspitze (S. 64).

08:00 Kommen Sie auf Touren beim Schwimmen am Morgen im Freizeitbad CamboMare (S. 76).

09:00 Beim Frühstück im Hotel-Restaurant Skyline liegt Ihnen die Stadt zu Füßen (S. 15).

10:00 Wandeln Sie auf den Spuren der Römer durch den Archäologischen Park (S. 41).

11:00 Spazieren Sie vom Lindenberg über die Illerbrücke in die ehemalige Reichsstadt Kempten (S. 47).

12:00 Mittwochs und samstags geht's zum Weißwurstessen auf den Wochenmarkt (S. 16).

13:00 Frisch gestärkt erkunden Sie die Stiftsstadt mit ihren barocken Bauten und Herbergen (S. 50).

14:00 Eine Führung durch die Prunkräume der Residenz gehört zu jedem Besuch in der Stadt (S. 53).

15:00 Genießen Sie vor dem Residenzcafé eine Tasse Kaffee und leckeres Gebäck (S. 55).

16:00 Bummeln Sie durch die Geschäfte in der Fischerstraße und shoppen Sie nach Lust und Laune (S. 27).

18:00 Erleben Sie ein stilvolles Abendessen im Bayerischen Hof und genießen Sie dort ein frisch gebrautes Bier (S. 47).

19:00 Unternehmen Sie einen Spaziergang auf die Burghalde (S. 49).

20:00 Besuchen Sie ein Konzert eines Weltstars in der „bigBOX Allgäu" (S. 13).

22:00 Beschließen Sie den Tag beim Abtanzen im Parktheater (S. 37).

Lebensader Fußgängerzone

KEMPTEN - WAS FÜR EINE STADT!

Vor rund **2000** Jahren zogen römische Truppen mit dem militärischen Auftrag über die Alpen, den Landstrich nördlich der Gipfel zu besetzen. Umgeben von Bergen, Hügeln und Seen bauten sie die offene Landstadt **Cambodunum** nach Vorbildern aus ihrer Heimat. Es gab einen großen heiligen Bezirk als Versammlungsort. Öffentliche Gebäude wie das Forum mit der Marktbasilika wurden mit aus Italien importiertem Marmor ausgestattet. Drei Thermenanlagen und ein Gallorömischer Tempelbezirk unterstrichen die Bedeutung der Siedlung, die mit Augsburg zu den größten Römerstädten in der Provinz Rätien zählte. Im **1. Jahrhundert** war Cambodunum sogar eine Zeit lang das zivile Verwaltungszentrum dieser Provinz. Während am rechten Hochufer der Iller aufwändige Steinbauten errichtet wurden, standen in Augsburg nur Holzhäuser und ein militärischer Stützpunkt.

Kempten gilt als die **älteste Stadt Deutschlands**. Der aus Kleinasien stammende Historiker und Geograph Strabon lebte von 64/63 v. Chr. bis 18/23 n. Chr. Er berichtete im vierten Band seiner „Geographika" von der „polis", der Stadt einer keltischen Stammesgruppe der Estionen namens Kambodounon (Stadt am Fluss). Von der keltischen Siedlung wurden bislang keine Überreste gefunden.

Im **3. Jahrhundert** nach Christus nahm die Gefahr durch Überfälle der Alemannen zu. Mit dem Fall des Limes verschoben sich **260 n. Chr.** die Machtverhältnisse: Cambodunum wurde dadurch zur Grenzstadt. Die Römer zogen von der unbefestigten Marktstadt auf dem Lindenberg an den Fuß der Burghalde, auf der sie ein steinernes Kastell gebaut hatten. Unter dem starken militärischen Schutz dürfte die spätrömische Stadt, die jetzt Cambidanum genannt wurde, besiedelt geblieben sein. Das römische Militär zog vermutlich im **5. Jahrhundert** n. Chr. ab.

Die St. Gallener Mönche Magnus und Theodor kamen auf Wunsch des Augsburger Bischofs um das Jahr **740** ins Allgäu. In Kempten errichteten sie eine Missionszelle mit einer Marienkirche. Diese gilt als eine der ersten christlichen Zellen in der Region und dürfte im Bereich der späteren Residenz gestanden haben. Aus ihr ging das Benediktinerkloster Kempten hervor. Als erster Abt des ältesten Allgäuer Klosters wird **752** Audogar genannt. Mit dem Kloster eng verbunden ist die Königin Hildegard, die Gemahlin Karls des Großen. Die schwäbische Fürstentochter, die vermutlich Verwandtschaft in Kempten hatte, wurde zu einer wichtigen Wohltäterin des Klosters. Bis heute ist die Namensgeberin des Hildegardplatzes auf zahlreichen Abbildungen an Gebäuden und im ehemaligen Stiftswappen zu finden.

Seit dem **8. Jahrhundert** wurde das Kloster Kempten durch die Könige stark gefördert. Im Jahr **1213** wurde der Herrschaftsbereich des Klosters von Kaiser Friedrich II. zur Grafschaft erhoben. Der Abt durfte sich bereits seit dem **12. Jahrhundert** Fürstabt nennen und war Herr über die Siedlung, die sich rund um die heutige St. Mang-Kirche entwickelte. Dort regten sich seit dem späten **13. Jahrhundert** Unabhängigkeitsbestrebungen. Das königliche Privileg, das die Stadt Kempten **1289** von König Rudolf von Habsburg erhalten hatte, war der erste Schritt im jahrhundertelangen Loslösungsprozess aus der Verfügungsgewalt des Abtes und seiner Vögte.

Die Bürger der Reichsstadt wurden zunehmend selbstbewusster; **1363** besetzten sie die Stadtburg des Abtes auf der Burghalde und zerstörten sie, was einen jahrelangen Rechtsstreit nach sich zog. Am Ende siegte zwar der Fürstabt, er verzichtete aber auf Wiedergutmachung und verkaufte die Burghalde an die Reichsstadt.

Bei der Befreiung des in Brügge gefangenen jungen Königs Maximilian zeichnete sich **1488** das Kemptener Truppenkontingent besonders aus und erhielt von Kaiser Friedrich III. das Recht, einen Doppeladler mit Kaiserkrone im Stadtwappen zu führen.

1525 war ein markantes Jahr in der Stadtgeschichte: Im Bauernkrieg zwangen Aufständische den Fürstabt zur Flucht aus seinem Kloster. Nachdem auch seine Burg Liebenthann von den Bauern erobert worden war, klopfte Sebastian von Breitenstein an die Tore der Reichsstadt Kempten. Bürgermeister Gordian Seuter gewährte dem Fürstabt Zuflucht und nutzte die Gelegenheit zum „Großen Kauf". Für 30.000 Gulden löste die Bürgerschaft die letzten Rechte und Besitztümer des Stiftes innerhalb der Stadtmauern ab.

1527 kam es zur religiösen Abspaltung. Die Bürger der Stadt folgten zunächst den Anschauungen des Schweizer Reformators Zwingli und danach der Lehre Luthers. Damit war Kempten für Jahrhunderte in die protestantische Reichsstadt und das katholische Stift geteilt. Dieser konfessionelle Gegensatz führte im

Innenhof der fürstäbtlichen Residenz mit Basilika St. Lorenz

Dreißigjährigen Krieg zu Zerstörungen auf beiden Seiten. Mit Hilfe von kaiserlichen und schwedischen Soldaten wurden Stadt und Stift wiederholt angezündet und geplündert. Krieg, Pest und Hungersnot reduzierten die Gesamtbevölkerung von über 6.000 auf rund 900 Personen.

Fürstabt Roman Giel von Gielsberg sorgte für einen Neuanfang. Der Regent begann **1651** mit dem Bau seiner neuen Residenz und der Kirche St. Lorenz, dem ersten großen Kirchenbau Süddeutschlands nach dem Dreißigjährigen Krieg. Um das Benediktinerstift entstand nun eine Siedlung für Handwerker und den Hofstaat. Fürstabt Rupert von Bodman erlangte für sie **1728** das Stadtprivileg. Im ausgehenden **18. Jahrhundert** kam es in Kempten zum inzwischen viel zitierten letzten Hexenprozess auf deutschem Boden. Maria Anna Schwägelin wurde zum Tode verurteilt, aber nicht hingerichtet: Sie starb **1781** im stiftkemptischen Gefängnis.

1784 erschien die erste Tageszeitung. Sie meldete **1796**, dass französische Soldaten in die Stadt marschierten. Drei Jahre später quartierten sich Russen, Tataren, Ural- und Donkosaken auf ihrem Rückmarsch in der Illermetropole ein. Im Jahr **1800** musste Kempten erneut französische Soldaten aufnehmen.

1802/03 ging für die beiden Städte Kempten die Zeit des Nebeneinanders zu Ende. Die Reichsstadt und das 1.000 Quadratkilometer große Fürststift Kempten wurden dem bayerischen Kurfürsten zugesprochen. Seine Truppen zogen in die Stadt und

Rathausturm mit Brunnenfigur

nahmen Besitz von Gebäuden, Kunstschätzen und Archivalien. Ab **1808** war Kempten die Hauptstadt eines neu geschaffenen Verwaltungsbezirkes, des sogenannten Illerkreises, der von Lindau über Feldkirch, das Montafon, Füssen und Schongau bis kurz vor Augsburg und Ulm reichte.

1818 folgte eine erste Gebietsreform: Reichsstadt und Stiftsstadt wurden zu einem Gemeinwesen mit dem Namen Kempten vereint und erhielten ein neues Stadtwappen: Ein halber Reichsadler auf schwarzem Grund und ein Turm auf einem Berg auf weißem Grund. Um die Stadt entstanden mit Sankt Lorenz und Sankt Mang zwei eigenständige Gemeinden.

Nach der Säkularisation veränderte sich das Stadtbild für die rund 5.200 Einwohner: Stadtmauern und Tore wurden nach und nach abgebrochen. **1852** fuhr der erste Zug aus München kommend in den Kemptener

Kopfbahnhof ein. Entlang der Iller entwickelte sich in der Mitte des **19. Jahrhunderts** die Textilindustrie. Kempten und Sankt Mang erlebten einen gewaltigen wirtschaftlichen Aufschwung; die Bevölkerungszahl wuchs stark. **1898** wurde der erste industriell genutzte Dieselmotor der Welt in der Kemptener Zündholzfabrik in Betrieb genommen. Telefon, elektrisches Licht und Automobile wandelten das Alltagsleben. **1904** wurde die Freitreppe gebaut und ein Jahr später flimmerten Kinofilme über eine Bierhallen-Leinwand. Die Bevölkerungszahl war auf über 20.000 gestiegen.

1935 wurde Kempten zur Kreisstadt erhoben und gewann damit an zentraler Bedeutung für die gesamte Region. Im Zweiten Weltkrieg wurde Kempten mit seinen Industriebetrieben, Kasernen und dem Bahnhof wiederholt Ziel von alliierten Luftangriffen. Am **27. April 1945** erreichten fremde Soldaten die Stadt: Von Norden kamen amerikanische Soldaten und von Westen französische Truppen. Unter der US-Besatzung strebte die Stadt rasch zu ihrer nächsten Blüte. Mehr als 10.000 Heimatvertriebene sorgten mit für einen Strukturwandel in vielfältiger Weise. Hier mischten sich das Wissen und die Erfahrungen der Neu-Kemptener mit dem oftmals beschriebenen Allgäuer Mächlergeist. Daraus entstanden Innovationen für Handwerk, Gewerbe und Industrie. Das Wirtschaftswunder vollzog sich auch beiderseits der Iller. Immer mehr Betriebe siedelten sich in Kempten an. Heute pendeln täglich rund 18.000 Menschen aus der Region zur Arbeit in die Stadt.
Mit den neuen Stadtteilen Ostbahnhof, Bühl, Halde, Thingers, Stiftallmey und Ludwigshöhe weitete sich Kempten aus. Die erste Fußgängerzone Schwabens, ein Durchgangsbahnhof und ein neues Stadtkrankenhaus verbesserten die Infrastruktur. Mit der Gemeindegebietsreform vom **1. Juli 1972** wurden Sankt Lorenz und Sankt Mang der Stadt zugeschlagen. Damit vergrößerte sich das Stadtgebiet von 24 auf 63 Quadratkilometer; die Einwohnerzahl erhöhte sich um 12.000. Die folgenden Jahre waren geprägt von zahlreichen Ausbauten und Modernisierungen in der Stadt. Sport, Freizeit und Erholung sind bis heute wichtige Standortfaktoren. Für viele Kemptener sind Frei- und Hallenbad, Sportplätze und Turnhallen oder großzügige Parks wichtig. Die Stadt erschloss mit dem Archäologischen Park Cambodunum einen wesentlichen Teil ihrer Geschichte. Kempten wurde Sitz eines Polizeipräsidiums, erhielt einen Autobahnanschluss, eine Hochschule, ein Berufsschulzentrum und das Alpinmuseum. Auf private Initiativen gehen die „bigBOX Allgäu" und das Forum Allgäu zurück.

Heute ist Kempten mit seinen 65.000 Einwohnern die wirtschaftliche, kulturelle und gesellschaftliche Metropole des Allgäus. In der kreisfreien Stadt sind Bürgerfleiß und Fürstenglanz auf besondere Art erhalten geblieben. Die Kemptener sprechen ihren eigenen Dialekt und zeigen sich tolerant: Geschäftig und gleichzeitig gemütlich.

Die Mischung aus Bildung, Arbeit, Kultur und Geselligkeit ist Teil des Allgäuer Lebensgefühls. Kempten ist eine pulsierende Stadt, für jedes Alter und zu jeder Jahreszeit.

TYPISCH KEMPTEN

Was ist typisch für die Stadt mit ihrer 2000-jährigen Geschichte? Lassen Sie sich überraschen von einer Metropole, die den Anspruch erhebt, Kulturhauptstadt des Allgäus zu sein.

Gibt es eigentlich „den Kemptener"? Diese Frage stellen Gäste der Stadt immer wieder. Doch dafür lohnt sich ein Blick in die Stadtgeschichte, denn Kempten ist seit Jahrhunderten eine weltoffene Stadt.

Ins keltische Allgäu kamen um die Zeitenwende die Römer und brachten ihre mediterrane Lebensart mit, die bis heute an vielen Stellen sichtbar ist. An lauen Sommerabenden erinnert der Rathausplatz in Kempten an eine italienische Piazza und im Winter ist er idyllische Kulisse für den Weihnachtsmarkt.

Die Alemannen siedelten hier und die frühmittelalterlichen Mönche legten das christliche Fundament, das bis heute das Stadtbild mit Kirchen und Residenz architektonisch bestimmt.

Durch Kempten zogen die Heere im Bauernkrieg sowie im Dreißigjährigen Krieg und sorgten für reichlich Zerstörungen. Doch damit war der Weg frei für ein neues Stadtbild.

Die Kemptener gewannen auch den Besatzungen Positives ab, wie beispielsweise der durch die Franzosen, die hier 1800 ein Theater gründeten. Die jüngsten Besatzer waren die amerikanischen Soldaten, die von 1945 bis 1950 in der Stadt wohnten und nicht nur Schokolade und Südfrüchte verteilten. Sie brachten auch den Jazz mit. Menschen mit Migrationshintergrund haben die Stadt ebenso lieb gewonnen wie viele Bundeswehrsoldaten, die nach ihrer aktiven Zeit zurück ins Allgäu kamen und hier die herrliche Landschaft und die tolerante Lebensart der Kemptener zu schätzen lernten.

Kempten ist heute eine Mischung alteingesessener Familien, Tausender Heimatvertriebener und Neubürger nach der Deutschen Wiedervereinigung. Sie alle haben die wirtschaftliche, kulturelle und gesellschaftliche Metropole des Allgäus ins Herz geschlossen.

Blick von der Keckwiese auf die Stadt

KULTUR

Kempten ist eine Stadt mit hohem Freizeitwert. Das ganze Jahr über finden Veranstaltungen für beinahe jeden Geschmack an vielen Spielorten statt: Kornhaus, Stadttheater, Burghalde, „bigBOX Allgäu" für Großveranstaltungen, Parktheater, Kino, die Bühne im „Klecks", Archäologischer Park Cambodunum und, und, und...

Zu den festen Größen im Kulturprogramm zählt der Jazzfrühling des Kleinkunstvereins Klecks Ende April, bei dem schon zahlreiche Jazz-Größen ein Gastspiel in der Allgäumetropole gegeben haben (Seite 12).

Der musikalische Nachwuchs macht seine ersten Schritte meist im „Schönen Saal" der Sing- und Musikschule.

Der APC-Sommer bietet im Archäologischen Park Cambodunum ein buntes Programm aus Musik, Theater und Lesung (Seite 92).

Die Allgäuer Festwoche im August ist bekannt für ihre Kunstausstellung und ein breites kulturelles Rahmenprogramm (Seite 20).

Freunde klassischer Musik dürfen sich auf eine Fortsetzung der 2006 aus der Taufe gehobenen Reihe „Fürstensaal Classix" freuen (S. 92).

Mit neun „Häusern" bietet Kemptens Museumslandschaft ein breites Angebot: Von den römischen Wurzeln der Stadt über die barocken Prunkräume bis zur „Alpenländischen Galerie" im ehemaligen fürstäbtlichen Marstall (Seite 56).

Kempten leistet sich in einem ehemaligen Bankgebäude ein privat betriebenes Künstlercafé mit Ausstellungsräumen am belebtesten Ort der Stadt, dem Freudenberg.

GALERIEN

Kunsthalle Kempten
Memminger Str. 5
www.kunsthalle-kempten.de
Kemptener Kunstkabinett
Salzstraße 12, Tel: 0831-28381
www.kemptener-kunstkabinett.de
Künstlerhaus
derart - Kunsträume mit Café
Beethovenstraße 2
www.kunstraeume-kempten.de
Posledni Zdenek Galeria
Müßiggengelzunfthaus
Sigmund-Ullmann-Platz 1
Tel. 0831-17340

JAZZFRÜHLING

Zu den Höhepunkten im Kemptener Festkalender gehört der Jazzfrühling. Jedes Jahr liegt die Stadt Ende April/ Anfang Mai eine Woche lang im Jazzfieber.

Der Auftakt hat sich inzwischen zu einem Spektakel entwickelt, das sich über die ganze Innenstadt verteilt. Auf verschiedenen Bühnen wird entlang der Fußgängerzone Open Air gespielt. Dazu ist eine Marching-Band unterwegs, die zwischen Rathausplatz und Wochenmarkt für gute Laune sorgt. Die eigentlichen Konzerte finden zumeist in den Abendstunden an den verschiedensten Veranstaltungsorten statt: Von kleinen Kneipen bis hin zu großen Sälen. Weltstars und regionale Künstler spielen auf über 30 Bühnen.

Zu den bekanntesten Musikern zählen bisher Lionel Hampton & his Giants of Jazz, Benny Carter oder Michel Petrucciani. In mehr als 25 Jahren gastierten auch Memo Gonzales, Maria Joao, Al Di Meola, Supercharge, Pasadena Roof Orchestra, Dee Dee Bridgewater & Band, Jan Garbarek oder das Dave Brubeck Quartett.

Jazz im Kornhaus

Dem Kleinkunstverein Klecks, der die Konzerte ehrenamtlich auf die Beine stellt, ist Vielfalt zu erschwinglichen Preisen wichtig. Das Festival ist inzwischen zum internationalen Großereignis avanciert. Viele Allgäuer nehmen für diesen kulturellen Höhepunkt extra Urlaub.

www.klecks.de

Marching-Band auf dem Rathausplatz

BIGBOX ALLGÄU 9

Die „bigBOX Allgäu" liegt zentral zwischen Bodensee und Landsberg, Oberstdorf und Ulm. Die Halle an der Kotterner Straße ist ein hochmodernes multifunktionales Veranstaltungszentrum. Das Haus ist von außerhalb direkt anfahrbar und aus der Stadtmitte schnell und bequem zu Fuß erreichbar. Zusammen mit dem gegenüberliegenden Forum Allgäu – einem der modernsten Einkaufs- und Erlebnisareale Bayerns – bildet die Halle den krönenden Abschluss von Kemptens Einkaufsmeile. Seit 2003 finden hier Konzerte mit namhaften Künstlern wie Eros Ramazzotti, Brian Adams, Alice Cooper, ZZ Top oder Tokio Hotel statt. Zu den Toten Hosen strömten über 8.500 Fans in die Halle. Bühnenstars wie Howard Carpendale oder die Söhne Mannheims nutzten Kempten als Auftaktort für ihre Tourneen. Dazu kommen Public Viewing, Bühnenstücke und Comedy.
Die „KlassikBOX" ist ein einzigartiges „Raum in Raum"-Konzept, welches als Konzertsaal höchste Ansprüche an die Akustik unverstärkter Klassikkonzerte erfüllt. Fernsehproduktionen und Direktübertragungen von Sportereignissen gehören zu den Leckerbissen im bunten Programm. Selbst der Summit Club war bereits mehrfach mit dem größten Bergsteigertreffen der Welt zu Gast in Kempten. Der Allgäuer Presseball, Faschingsbälle, Tagungen, Vorträge und Messen runden die Möglichkeiten der „bigBOX Allgäu" ab.

BLASMUSIK

Neben Jazz, Theater und Klassik gehört aber auch traditionelle Allgäuer Blasmusik zur Kemptener Kultur, die in den Sommermonaten von der Stadtkapelle und den Kapellen aus Heiligkreuz, Lenzfried und Sankt Mang in Standkonzerten an verschiedenen Plätzen in der Stadt präsentiert wird. Ebenso aktiv sind die zahlreichen Vereine der Musik- und Brauchtumspflege, die mit Festen, Konzerten und Aufführungen zu einem lebendigen Vereins- und Kulturleben beitragen.

Konzert der Toten Hosen in der „bigBOX Allgäu"

THEATER

Seit über 400 Jahren wird in Kemptens ehemaligem Salzstadel Theater gespielt; schon 1603 führte ein „Knabe ohne Hände“ dort seine Kunststücke gegen Geld vor. Zuerst waren es Kemptener Laiengruppen, die ab 1654 das Publikum mit geistlichen und weltlichen Stücken begeisterten. Nach 1775 gab es auch Gastspiele von professionellen Theatergruppen.

Die französischen Soldaten, die um 1800 im Theaterstadel einquartiert waren, gründeten eine „Societé dramatique“, zu deren Vorstellungen auch die Kemptener Bevölkerung willkommen war.

1828 pachtete der Wertacher Künstler Franz Sales Lochbihler für drei Jahre das Theatergebäude. Aus dieser Zeit stammt der Vorhang mit einem Musenreigen äußerst schöner Kemptener Töchter. Eine besondere Hochblüte erlebte das Stadttheater unter Julius Heydecker, der von 1894 bis 1909 tätig war. 1949 wurde die „Theatergemeinde Kempten e.V.“ ins Leben gerufen, die bis 2007 die Spiel- und Konzertpläne organisierte und viele bekannte Künstler nach Kempten holte.

2006/07 leistete sich Kempten die Renovierung und den Ausbau seines spätmittelalterlichen Theaterhauses. Den Vorplatz schmückt nun ein außergewöhnliches Kunstwerk: Der Wolkenbrunnen von Stefan Huber regnet stündlich.

Im Theater wird heute eine besondere Mischung aus Gastspielen renommierter deutschsprachiger Bühnen und Tournéeunternehmen sowie Eigen- und Koproduktionen geboten.

www.theaterinkempten.de

Der in Wertach geborene bayerische Hofmaler Franz Sales Lochbihler schenkte den Kemptenern 1827 einen neuen Theatervorhang, auf dem der Gott Apoll im Reigen mit neun Musen dargestellt ist. Dieser Vorhang, der schon König Ludwig I. beeindruckte, ist – frisch restauriert – auch im neuen Theater wieder zu sehen.

KINO

Die Kemptener Kinoszene hat sich aus drei Bühnen entwickelt, auf denen vor mehr als 100 Jahren die ersten laufenden Bilder gezeigt wurden. Heute ist das Colosseum Center Kempten eines der größten und modernsten Kinos im Allgäu. Sechs Kinosäle bieten Platz für mehr als 1.100 Besucher, die sich an höchster Bild- und Tonqualität erfreuen können. Zu Beginn der Sommerferien werden Kino-Höhepunkte auf der Burghalde-Freilichtbühne aufgeführt.

www.kinokempten.de

Blick auf die Basilika St. Lorenz

SKYLINE 5

Genießen Sie Kempten vom hoch über der Stadt liegenden Restaurant Skyline. Erleben Sie auf der Fahrt im Außenaufzug, wie sich die Allgäumetropole zu Ihren Füßen ausbreitet. Und sehen Sie selbst: Vom 13. Stock des Parkhotels aus sind die Dachlandschaften überwältigend.
Das Zentralhaus dominiert seit 1973 die Silhouette der Stadt und bietet gleichzeitig einen einmaligen Panoramablick auf die Kirchtürme der Stadt sowie auf die Berglandschaft: Zählen Sie doch einfach einmal in Ruhe die Berggipfel der Alpen.
Oder spähen Sie auf das bunte Treiben in der Fußgängerzone und die entspannte Atmosphäre in den Dachgärten. Das Restaurant Skyline bietet für Familienfeiern oder Betriebsfeste, für Brunch oder Candlelight-Dinner eine ganz spezielle Atmosphäre.
www.parkhotelkempten.de

Blick auf die Dächer der Altstadt und die St. Mang-Kirche

Wochenmarkt auf dem Hildegardplatz

MÄRKTE

WOCHENMARKT

Zu den beliebtesten Kemptener Treffpunkten gehört seit Generationen der Wochenmarkt. Im Zentrum der Stiftsstadt, auf dem Hildegardplatz, herrscht Mittwoch- und Samstagvormittag ein reges Treiben. Dort gibt es Käse, frisches Obst und Gemüse, Fisch und Fleisch, Eier und Geflügel. Da werden Pflanzen für Beet und Garten gesucht, Blumen und Gestecke ausgewählt und am Ende noch ein Kipf Brot eingepackt. Man trifft den Oberbürgermeister, und bei allem geschäftigen Trubel herrscht auf dem Markt stets eine gemütliche Atmosphäre. Hier scheint die Zeit still zu stehen.

Die wohl geselligsten Stellen sind die Würstlestände. Hier haben sich inzwischen zwei Schwerpunkte gebildet: Am Südwesteck bei Paula und gegenüber am Kirchhügel. Bei Weißwürsten, Wiener Würstchen oder Debreciner treffen sich die Kemptener zu einem Plausch. Manchmal auf die Schnelle im Stehen, manchmal gemütlich auf einer Sitzbank mit einer Zeitung auf dem Tisch.

BEI PAULA

„Treffen wir uns bei Paula", ist in Kempten ein geflügelter Satz und jeder weiß vom gemütlichen Stehcafé am Hildegardplatz. Seit Jahrzehnten ist die „Cucina Toscana" der italienischen Familie ein Frühstücks- und Pausentreffpunkt. Hier gibt es nicht nur frisch duftenden Kaffee, sondern auch heiße Schokolade. Dazu serviert Paula frische Happen für den kleinen Hunger zwischendurch.

Übrigens: Zwei Markttage gibt es deshalb, weil es früher in Reichs- und Stiftsstadt jeweils einen Markttag gab. Im Winter beziehen die Händler ein neues Quartier: Von November bis Ende März ist der Wochenmarkt in der Markthalle am Königsplatz.

BAUERNMARKT

Neben dem Wochenmarkt gibt es jeden Freitag einen Bauernmarkt auf dem Residenzplatz. Gegenüber Galeria Kaufhof bieten Händler frisches Obst und Gemüse an. Hier gibt es auch einen Würstchenstand.
Ein weiterer Bauernmarkt ist jeden Donnerstagnachmittag ab 16.00 Uhr vor dem Schützenheim in Rothkreuz.

VIEHMARKT

Kempten ist traditionell auch der Ort für Viehmärkte. Die 1893 gegründete Allgäuer Herdebuchgesellschaft kümmert sich heute um die Vermarktung von Zuchtvieh der Mitgliedsbetriebe im In- und Ausland. In der 1928 eröffneten Allgäu-Halle an der Kotterner Straße werden regelmäßig Rinder und Pferde versteigert. Vor allem für Kinder sind die Ziegen- und Geißenmärkte ein Erlebnis.

SCHWABENKINDER

Auf dem Hildegardplatz gab es früher auch einen Markt für „Schwabenkinder". Im 18. Jahrhundert stieg der Bedarf an landwirtschaftlichen Arbeitskräften in Oberschwaben. Bei den „Kindermärkten" in Ravensburg oder Kempten wurden bis zu 4.000 Kinder aus Tirol, Vorarlberg und Graubünden als Saisonarbeiter verkauft. Kinder arbeiteten bis etwa 1955 bei Bauern im Allgäu.

Riesenrad auf dem Jahrmarkt

JAHRMARKT

Die Jahrmärkte auf dem Kemptener Königsplatz ziehen mit ihren Fahrgeschäften und Buden viele Besucher aus Kempten und der Umgebung an. Vom Stadtpark aus erstreckt sich ein Händlermarkt mit vielen Ständen und Angeboten durch die Innenstadt. Der Himmelfahrtsmarkt vor Pfingsten wurde angeblich schon im Mittelalter abgehalten. Der Kathreinemarkt (Ende Oktober) wurde 1714 eingeführt.

Heiße Würste gibt's auf dem Wochenmarkt

STADTFEST

Das Stadtfest Kempten findet traditionell am ersten Juli-Wochenende statt und hat sich als attraktives Bürgerfest mittlerweile zu einem Publikumsmagneten entwickelt. Zusammen mit dem Organisator, dem City-Management Kempten, gestalten zahlreiche freiwillige Helfer, Kemptener Vereine und Gruppen ein unverwechselbares Stadtfest.
Zum Auftakt ist am Freitagabend zwischen Rathausplatz und St. Mang-Platz reichlich Live-Musik und Stimmung geboten.
Das Tagesprogramm am Festtag erstreckt sich auf die gesamte Innenstadt. Auf mehreren Bühnen erleben die Besucher ein vielfältiges Showprogramm. Hier machen viele Nachwuchskünstler die ersten Schritte vor großem Publikum. Am Rathausplatz erfreuen sich die Besucher an der Blasmusik und den Tanzeinlagen. Der St. Mang-Platz ist der Jugend gewidmet. Auf´m Plätzle zieht das Kinderland mit Darbietungen und Mitmachstationen die kleinen Besucher in seinen Bann. Am August-Fischer-Platz kommen die Beach-Volleyball-Fans voll auf ihre Kosten. Am Samstagabend wird den Besuchern nochmals kräftig mit Live-Musik eingeheizt.
www.stadtfest-kempten.de

Freitreppe

Stadtfest auf dem Rathausplatz

BURGHALDEFEST

Das internationale Burghaldefest ist ein gelebtes Beispiel für Integration und Toleranz. Die evangelische Pfarrerin Inge Nimz, die sich schon um das Haus International (Poststraße) große Verdienste erwarb, wollte mit dem Fest der Nationen für gegenseitiges Verständnis werben.
Aus der Idee entwickelte sich rasch ein Fest, bei dem sich viele Kulturen präsentieren. Da tanzen auf der Freilichtbühne Bauchtänzerinnen, trommeln Afrikaner und jazzen Allgäuer Nachwuchsbands. Es gibt Flamenco, lateinamerikanische und osteuropäische Tänze.
Die historische Burg wird für einen Tag zur größten Küche des Allgäus. Die Gewürze, Speisen und Düfte entführen in viele entlegene Winkel dieser Erde. Doch über allem babylonischem Wirrwarr steht die freundliche Einladung, neue Kulturen zu erleben oder einfach nur Urlaubserinnerungen aufzufrischen. Das Burghaldefest findet am zweiten Samstag im Juli statt.
www.hausinternational.de

Ende Juli/Anfang August startet das Burghaldekino unter freiem Himmel

MITTELALTERMARKT

Die Burghalde bietet auch einen passenden Rahmen für den Mittelaltermarkt. Bei diesem Fest im Sommer gibt es alljährlich mittelalterliches Leben und Handwerk mit Rittern, Markt, Tanz, Musik, Gauklern und natürlich auch was fürs leibliche Wohl. Besonders beliebt sind die Mitmachhandwerke für Kinder wie Schmieden, Filzen und Bronzegießen.
www.allgaeuer-burgenverein.de

AKTIONSTAGE

Das City-Management Kempten will die Stadt mit immer neuen Aktionen lebens- und liebenswert gestalten. Dazu gibt es eine Reihe von Aktionstagen, die von Handel und Bürgern organisiert werden. Neben dem Tag der Musik im Juni und dem Familientag im September gibt es ein Mitternachtshopping am ersten Adventssamstag und eine Autoausstellung im Mai.
www.cm-kempten.de

ALTSTADTFEST

Seit 1995 findet das Altstadtfest mit Kindertag rund um St. Mang- und Rathausplatz statt. Das bunte Programm von Altstadtfreunden, Diakonie, Stadtjugendring Kempten, Kinderschutzbund und Stiftung Lichtblick spricht die ganze Familie an. Es will vor allem die Identität des Stadtteils stärken und setzt die historischen Plätze in Szene. Die Kinder erfreuen sich an den vielen Aktionen.
www.altstadtfreunde-kempten.de

ALLGÄUER FESTWOCHE

In Kempten spricht man gerne von der fünften Jahreszeit und meint damit die Allgäuer Festwoche. Viele Kemptener teilen das Jahr nämlich in die Zeit vor und nach der Festwoche ein und nehmen sich während dieser Woche Mitte August Urlaub.

Die Allgäuer Festwoche ist nicht nur die größte Wirtschaftsmesse der Region, sie spiegelt das Kemptener Lebensgefühl wider. Hier schaut man, hier kauft man, hier trifft man sich und hier feiert man gemeinsam.

Die Allgäuer Festwoche gehört mit rund 100.000 Tagesbesuchern zu den zehn größten deutschen Verbrauchermessen. Doch das wesentliche Element ist die Kombination von Erlebnismesse und Volksfest.

Heute ist die Königstraße zum längsten Allgäuer Laufsteg für Dirndl und Lederhose geworden. In der Straße zwischen Festzelt und Parkschenke drängen sich vor allem in den Nachtstunden Jung und Alt. An lauen Abenden wird der Stadtpark zum Treffpunkt der Region. Über 70.000 Gäste sorgen an zehn Abenden für Stimmung auf dem größten Volksfest des Allgäus.

Die Festwoche wurde 1949 auf Initiative von Oberbürgermeister Dr. Georg Volkhart und Bürgermeister Albert Wehr ins Leben gerufen. Wenige Jahre nach dem Zweiten Weltkrieg sollten hier Kunst und Können der Allgäuer ausgestellt werden. Daraus entwickelte sich eine Institution, die weder aus dem Messekalender noch aus dem Stadtpark wegzudenken ist. Die Festwoche ist ein Familienerlebnis.

Rund 400 Aussteller aus Industrie, Handel, Landwirtschaft und Dienst-

Knusprige Hendl und frisches Bier

FESTZELT

Was wäre die Allgäuer Festwoche ohne ihr Festzelt mit Festbier und Gockel. Die Festwirte Hans Schmid und Matthias Vogler sind seit vielen Jahren Garanten für eine gute Küche und ein schwungvolles Programm. Viele kommen schon mittags und freuen sich auf Festsuppe oder Ente. Das Festzelt ist aber auch der abendliche Treffpunkt für Jung und Alt. Viele Firmen nutzen die reservierten Bereiche für ihre Kunden und Mitarbeiter. Doch es bleibt noch ausreichend Platz für Gäste, die bei zünftiger Musik einfach nur feiern wollen. Den Auftakt macht die Kemptener Stadtkapelle, die wie die Festwoche 1949 aus der Taufe gehoben wurde.

leistung sind in 20 Ausstellungshallen zwischen Stadtpark und Wittelsbacherschule vertreten. Dominierten früher Traktoren und Melkmaschinen die Ausstellung, sind heute Themen wie Ökologie und Ökonomie stark vertreten. Das Handwerk nutzt die Festwoche mit „lebenden Werkstätten" ebenso als Plattform wie die Milchwirtschaft mit ihrem Milchzelt oder das Gesundheitswesen.
Tipp: Besuchen Sie das Pressecafé in der Markthalle.
Zu den Ankerpunkten im Programm gehört seit jeher die Kunstausstellung in der Residenz. Bei der größten regionalen Leistungsschau im Bereich der bildenden Künste werden drei Preise vergeben. Der jeweilige Kunstpreisträger darf dann im Folgejahr das Etikett für den Patenwein gestalten. Die Stadt unterhält seit 2001 einen eigenen Weinberg in der Partnerstadt Bad Dürkheim.
Feste Bestandteile im Programm sind auch das international besetzte Radrennen, das Kegelturnier, die Stockschützen und der Benefizlauf mit Behinderten.

www.festwoche.com

Volkstanz mit den Unterillertalern

RESIDENZHOF

Der Innenhof der Residenz lebt während der Allgäuer Festwoche mit einem ganzen Bündel an Abendveranstaltungen auf. Den Reigen eröffnet die Kunstpreisverleihung für geladene Gäste. Die Residenzhofserenade mit Ensembles wie den Schwäbischen Blechbläsern gehört ebenso zum Programm wie die Konzerte der Musikkapelle Sankt Mang. Dazu kommen italienische oder irische Nächte, Filmpremieren oder Modenschauen.

Abendprogramm im Residenzhof

WEIHNACHTSMARKT

Der Kemptener Weihnachtsmarkt ist ein Magnet, der weit über die Grenzen des Allgäus hinaus Anziehungskraft besitzt. An den 70 weihnachtlich geschmückten Ständen finden sich originelle Geschenkideen; das adventliche Angebot reicht von Krippen, Kerzen, Keramik, Schmuck und Glas über Puppen bis hin zu Weihnachtsdekorationen.

Hier trifft man sich nach Feierabend auf einen Glühwein. Für viele Kemptener steht das leibliche Wohl mit Weihnachtsgebäck, heißen Maroni, Crêpes, Glühwein und Punsch im Mittelpunkt. Musikalische Beiträge und der Nikolaus sorgen für eine stimmungsvolle Atmosphäre.

Glanzpunkt des Markts ist der Kemptener Weihnachtsbrunnen mit künstlerisch gestalteten Szenen aus der Weihnachtsgeschichte.

Tipp für Kinder: Es gibt tägliche Nikolaus-Bescherungen, Kasperletheater, Zauberer und Führungen durch die Backstube der Bäckerei Wipper mit „Plätzchenbacken".

www.kempten.de

Karussell am Weihnachtsmarkt

WAISENHAUS-KRIPPE

Die vom Volk „Waisenhaus-Krippe" genannte Weihnachtskrippe von Ludwig Weiß (1768-1843) ist heute im Allgäu-Museum in Kempten ausgestellt. Die Jahreskrippe entstand zwischen 1820 und 1843 und besteht aus über 250 Figuren. Sie ist die größte Krippe aus dem 19. Jahrhundert im ganzen Allgäu.

www.allgaeu-museum.de

Weihnachtsmarkt auf dem Rathausplatz mit Weihnachtsbrunnen

NIKOLAUS

Der Kemptener Stadtnikolaus ist eine Institution, die vom Kunstmaler Franz Weiß 1949 begründet wurde und heute von Stadtjugendring und Kempten Tourismus- und Veranstaltungsservice fortgeführt wird.

Am 5. Dezember zieht der Pferdekutschenkorso, begleitet von Engeln, Wichteln und einem Kinderchor der Sing- und Musikschule, vom Feuerwehrhof auf den Stiftsplatz. Auf den Stufen der Basilika St. Lorenz versammeln sich hunderte Familien und warten auf die Bescherung durch Bischof Nikolaus.

Die stattliche Gestalt hält eine kurze Ansprache und verteilt zusammen mit seinen Engeln über 2.000 süße Päckchen an die Kinder mit ihren leuchtenden Augen. Begleitet wird der Zug von Klausen, die beim Umzug durch die Stadt allzu vorlaute Jugendliche in die Schranken weisen. Weitere Stationen mit Ansprachen, Liedern und Bescherung sind das Forum Allgäu und der Weihnachtsmarkt auf dem Rathausplatz.

www.stadtjugendring-kempten.de

Stadtnikolaus mit Knecht Rupprecht

ADVENTSKALENDER

Eines der schönsten klassizistischen Bürgerhäuser, das 1802 erbaute Zumsteinhaus am Residenzplatz, verwandelt sich alljährlich in einen großen Adventskalender. Jeden Tag öffnen Schüler ein neues Fenster und am 24. Dezember leuchtet die Nordfassade des Hauses mit vielen Motiven auf Seidentüchern. Das Haus war Wohnsitz der aus Savoyen stammenden Großkaufmannsfamilie de la Pierre (Zumstein).

Das Zumsteinhaus verwandelt sich in einen Adventskalender

VERLAGE

Kempten ist auch das Medienzentrum des Allgäus. Die erste regelmäßig erscheinende Zeitung in Kempten kam am 1. Januar 1784 auf den Markt und trug den Titel „Neueste Weltbegebenheiten". 1841 wurde das Blatt in „Kempter Zeitung" umbenannt und erschien bis 1891.
Neben der „Kempter Zeitung" erschienen das „Königlich Bayerische Allgemeine Intelligenzblatt des Illerkreises" (1811-1818), das „Intelligenzblatt der königlich bayerischen Stadt Kempten im Oberdonaukreis" (ab 1826) und die „Konstitutionellen Blätter aus dem Allgäu" (ab 1848, Verleger Josef Huber, Köselsche Buchdruckerei). „Allgäuer Zeitung" nannte sich das Blatt spätestens im Jahr 1853. Ab 1894 erschien es einige Jahre lang sogar zweimal täglich. 1933 wurde die „Allgäuer Zeitung" vom NS-Regime eingestellt. Bis 1945 erschien das regimekonforme „Allgäuer Tagblatt".

Druckhaus der Allgäuer Zeitung

ALLGÄUER ZEITUNG

Am 13. Dezember 1945 erschien erstmals die Tageszeitung „Der Allgäuer". Zwischen 1965 und 1967 übernahm Georg Fürst von Waldburg zu Zeil, seinerseits Gesellschafter der „Schwäbischen Zeitung", den Verlag und gründete 1968 zusammen mit dem Verleger der „Augsburger Allgemeinen Zeitung", Curt Frenzel, die Allgäuer Zeitungsverlag GmbH. Seitdem erscheint die „Allgäuer Zeitung" mit dem Mantelteil der „Augsburger Allgemeinen", aber mit einem eigenen Regionalteil und acht lokalen Teilen, die alle in Kempten gedruckt werden. Die „Allgäuer Zeitung" erreicht heute eine Auflage von rund 115.000 Exemplaren und ca. 296.000 Leser täglich.
Der Medienverbund „Augsburger Allgemeine/Allgäuer Zeitung" ist mit 961.000 Lesern (MA 2008) die meistgelesene Abonnement-Tageszeitung in Bayern.

DRUCK UND DATENTECHNIK

Zum Allgäuer Medienzentrum gehört auch die AZ-Druck und Datentechnik mit einem zusätzlichen Druckhaus in Berlin. Sie ist auf die Gesamtherstellung von Büchern, Broschüren, Loseblattwerken und Periodika im Digital- und Offsetdruck spezialisiert.

KÖSEL-VERLAG

Zu den allerältesten Druckereien in Deutschland zählt die Köselsche Buchdruckerei, die auf die stiftische Hofdruckerei zurückgeht (1593).
Die Druckerei Kösel GmbH steht heute in Krugzell, der Verlag gehört seit 2005 zum Bertelsmann-Konzern.

TOBIAS DANNHEIMER

Tobias Dannheimer (*17. Oktober 1769) stammte aus einer alteingesessenen Kemptener Familie. Er begann nach wenigen Schuljahren eine Druckerlehre. Nach drei Auslandsjahren in Wien und Pressburg arbeitete er ab 1788 bei Kösel. Als dieser in fürstäbtliche Dienste trat, verkaufte er „Druckerey und Buchhandlung mit allen Zugehörden" 1794 an seinen Mitarbeiter Dannheimer. Der war nun Herausgeber der „Neuesten Weltbegebenheiten", die viermal wöchentlich erschienen. 1841 wechselte der Titel in „Kempter Zeitung" mit einer Auflage von 400 Stück. Am 28. März 1891 erschien die letzte Ausgabe.

Der Vater von zehn Kindern engagierte sich stark im sozialen und politischen Bereich. Er war Stadtrat und saß 14 Jahre im Landrat von Schwaben und Neuburg. Am 29. Juli 1861 starb der Verleger und Buchhändler, dessen Firma ab 1925 durch Karl Edele fortgeführt wurde.

Dessen Sohn Herbert Edele begann 1953 eine Buchhandels-Lehre und übernahm zehn Jahre später den Betrieb. Innerhalb von 35 Jahren kamen Filialen in Kaufbeuren, Memmingen, Oberstaufen und Oberstdorf dazu. 1991 stieg Frank Edele in den elterlichen Betrieb ein. Das Hauptgeschäft in der Bahnhofstraße mit Internetcafe, Espressobar und Kinder-Märchenschloss ist die größte Buchhandlung im Allgäu.

Seit 1982 sind im Verlag Tobias Dannheimer fast 70 Titel erschienen, darunter die Geschichte der Stadt Kempten, ein Lexikon der Euregio via salina und zahlreiche Allgäu-Krimis.

www.allgaeubuch.de

STIFTSBIBLIOTHEK

In den Prunkräumen der Residenz ist inzwischen auch die frühere Arbeitsbücherei der Fürstäbte zu sehen. Der Kemptener Verleger Paul Huber schenkte den umfangreichen Besitz, den die Familie seit Generationen verwahrte, der Stadt. Die Bücher, die sich auch mit Medizin, Jura und Verwaltung beschäftigen, können zu wissenschaftlichen Zwecken genutzt werden.

225. Geburtstag von Buchhandlung und Verlag Tobias Dannheimer

ZU GAST IN KEMPTEN

Ob Sie nun eine angenehme Unterkunft suchen, sich ins Nachtleben stürzen oder lieber einen geschichtlichen Rundgang machen möchten, die klassischen Sehenswürdigkeiten kennenlernen wollen oder nur zum Schlemmen und Shoppen gekommen sind - dieser Kempten-Führer gibt Ihnen nützliche Tipps und ausgesuchte Adressen an die Hand, damit Ihr Aufenthalt zu einem Erlebnis wird.

SHOPPING

Kempten ist mit über 200.000 qm Verkaufsfläche die Einkaufsmetropole im Allgäu. Die Stadt hat ein Einzugsgebiet von mehreren hunderttausend Menschen.
Mit der Umwandlung der **Fischerstraße zur Fußgängerzone** 6 wurde 1970 der Grundstein zu einer Einkaufsmeile zwischen dem Bereich Hildegard-/Residenzplatz und der Bahnhofstraße gelegt. Wenig später folgten Klostersteige, Rathaus- und Gerberstraße ebenfalls als Fußgängerzonen. 2003 wurde das Einkaufszentrum „Forum Allgäu" am August-Fischer-Platz eröffnet. Es ist mit 90 Fachgeschäften und rund 23.000 Quadratmetern Verkaufsfläche das größte Shopping-Center im Allgäu. Als Familiencenter hat sich das **Forum Allgäu** zum beliebten Treffpunkt für alle Menschen der Region entwickelt.
In Kempten sind viele namhafte Mode- und Kaufhäuser vertreten. Dazu kommen Boutiquen mit Mode, Schmuck und Schuhen sowie Einzelhandelsgeschäfte, die kaum einen Wunsch offenlassen. Cafés, Eisdielen und Bäckereien bieten ein buntes Bild. Zur Einkaufsstadt gehören auch Möbelhäuser, Baumärkte, Elektronikmärkte und Gartencenter, die entlang des vierspurigen Rings und in den Außenbereichen angesiedelt sind. In Kempten sind alle großen Automarken mit Händlern und Werkstätten vertreten. Das City-Management Kempten ist eine Interessengemeinschaft aus Einzelhandel, Gastronomie, Privatpersonen und Institutionen, die ein aktives und attraktives, buntes und liebenswertes Kempten entwickeln möchte.

ALLGÄUERISCHES

Bergsport Maxi
Allgäu-Jacken
Klostersteige 2
www.bergsport-maxi.de

Buchhandlung Dannheimer
Allgäu-T-Shirts, kleine Kuhglocken
Bahnhofstraße 4
www.allgaeubuch.de

AZ-Servicecenter
Allgäu-Käppies, Strickmütze, Reporter-Taschen, Allgäu-Wichtel-Mütze, Allgäu-Schal, Allgäu-Uhr, Janker.
Bahnhofstraße 13
www.azshop.de

ANTIQUITÄTEN

Allgäuer Auktionshaus
Königstraße 17
www.allgaeuer-auktionshaus.de

APOTHEKE

Bahnhof-Apotheke
Aromatherapie und Homöopathie
Bahnhofstr. 12
www.bahnhof-apotheke.de

BANKEN

Allgäuer Volksbank
Rathausplatz 12
www.allgaeuer-volksbank.de
Raiffeisenbank
Bahnhofstraße 20
www.rb-kempten.de
Saliterbank
Beethovenstraße 13
www.gabler-saliter-bank.de
Sparkasse Allgäu
Königstraße 21
www.sparkasse-allgaeu.de

BÜCHER

Buchhandlung Dannheimer
Bahnhofstraße 4
www.allgaeubuch.de

BÄCKEREIEN

Michael Reiter
Dornierstraße 45
0831-24665
Hubert Wipper
Kronenstraße 27
0831-22740

CAFÉ UND SCHOKO

M & M Café Schokolade und Wein
Poststraße 11
0831-5409071
Weber Kaffee
Rathausplatz 22
www.weber-kaffee.de

DELIKATESSEN

Früchte Pan
Fischerstraße 19
www.panfruechte.de
Käse und Antipasti
Am Schlößle 1
0831-5407723

EINRICHTUNG

Möbel Böck
Römerstraße 14
www.moebel-boeck.de
Möbel Forster
Dieselstraße 2
www.moebelforster.de
Möbel Mayer
Laubener Straße 18
www.moebelmayer.de

DESSOUS

Eva und Adam
Kronenstraße 13
www.evaundadam.com

FRISEUR

Bizarr
Gerberstraße 27
www.friseurbizarr.de
BobLine
Burgstraße 21
www.bobline.de

KAUFHAUS

Forum Allgäu mit 90 Geschäften
August-Fischer-Platz
www.forum-allgaeu.de
Galeria Kaufhof
Residenzplatz 2
www.galeria-kaufhof.de

KERAMIK

Gisela Engelmayer
Ravensburger Straße 8
www.keramik-engelmayer.de
Toni Maurer
Fürstenstraße 8, *0831-17245*

DAMENMODE

Zu den feinen Adressen in Sachen Damenmode zählt Brigitte Seefelder in der Salzstraße 29. Dort werden Damen mit hohen Ansprüchen persönlich beraten und fast immer fündig. Auf zwei Etagen gibt es Stücke von bekannten Designern und Modeschöpfern. Finden Sie dazu die passenden Schuhe, Taschen und Accessoires, um Ihr Outfit perfekt zu machen.
www.seefelder-mode.de

SPORTMODE

Bergsport Maxi in der Klostersteige 2 bietet alles rund ums Thema Wandern, Klettern und Trekking. Hier finden Sie Schuhe, Kleidung oder Rucksäcke. Zusammen mit den beiden Sport-Fachgeschäften Neuner-Sport (Poststraße) und Laufsport Saukel (Kronenstraße) bietet er außerdem im „sports'let" in der Fischersteige große Sportmode zum kleinen Preis.
www.bergsport-maxi.de

KUNSTMALER

Friedrich Hechelmann
Schloss 1
88316 Isny im Allgäu
www.hechelmann.de
Horst Heilmann
0831-28570

LEDERWAREN / KOFFER

Jahn und Heinrich
Fußgängerzone, *0831-23828*

METZGEREIEN

Michael Kleiber
Am Schlößle 1, *0831-29527*
Wilhelm Kohler
Immenstädter Straße 16, *0831-2282*

MUSIK

Hefele
Duracher Straße 46
www.musik-hefele.de
Rimmel
Poststraße 7-9
www.musik-rimmel.de

MODE

Aberle Herrenmode
Residenzplatz 1
www.herrenhaus-aberle.de
Pelz **Geppert**
Gerberstraße 45
www.geppert-pelze.de
Hails Männermode
Magnusstraße 6
0831-63196
Mode **Reischmann**
Klostersteige 9-11
www.reischmann.biz
Residenzboutique
Residenzplatz 27
0831-5656404

SCHMUCK

Kinzel & Rall
Salzstraße 35
www.kinzelrall.de
Juwelier Müller
Schlößlepassage
www.juwelier-mueller.de

SECOND HAND

Andreas Pester
Prälat-Götz-Straße 1
0831-27622

SPEZIALGESCHÄFTE

Kerzen Maria Reichelmayr
Bei der Rose 5
0831-23274

ONKEL HANNES

Sind sie schon einmal über eine Rutsche in ein Schuhhaus gekommen? Seit über 40 Jahren schon freuen sich Kinder und Jugendliche auf dieses Erlebnis im Schuhhaus Onkel Hannes am Rathausplatz 5. Auf der Holzrutsche in die Kinderabteilung hinab werden hin und wieder auch Erwachsene gesehen, die hier ihre Kindheitserinnerungen auffrischen.
www.schuhhaus-onkel-hannes.de

KÄSE VON JAMEI

Thomas Breckle gehört mit seiner Jamei Laibspeise in der Salzstraße 33 zu den gefragtesten Käsespezialisten in Deutschland. Seine Käse werden in München genauso geschätzt wie in Hamburg. Der Allgäuer versteht sich auf die perfekte Reifung von Käselaiben in einem alten Ziegelgewölbe. Jamei hat freitags von 14.00 bis 18.00 Uhr und samstags von 8.00 bis 13.00 Uhr geöffnet.
0831-5127782

KÄSELAND

Bis zur Mitte des 19. Jahrhunderts wurde das Allgäu vom blau blühenden Flachs geprägt. Doch die billige Baumwolle verdrängte das Allgäuer Leinen; viele Landwirte gaben ihre Höfe auf und wanderten aus.
Vor allem Carl Hirnbein und Johann Althaus ist es zu verdanken, dass sich die Allgäuer Bauern der Milcherzeugung verschrieben. Sie führten um 1830 die Käsesorten Limburger und Romadur sowie den Allgäuer Emmentaler ein. Aus dem „blauen Allgäu" wurde das „grüne Allgäu". Heute gilt das Allgäu als die Käseküche Deutschlands.
1892 machte sich Karl Hoefelmayr an die Herstellung von Camembert-Käse. Heute gehört sein Edelweiss-Milchwerk zur Bongrain-Gruppe. Seit 1926 gibt es mit dem „Grünland-Schmelzkäsewerk" (heute Hochland) einen zweiten Käsebetrieb in der Stadt. Kempten ist Sitz der Süddeutschen Butter- und Käsebörse, die im Haus der Milch tagt. Auf dem Bühl ist auch die MUVA zu Hause. Das Labor- und Dienstleistungszentrum führt Untersuchungen für die gesamte Lebensmittelbranche durch.
www.muva.de

KÄSE-GEIGER

Zu den größten Anbietern von Käse zählt das Spezialgeschäft Geiger in der Promenadestraße. Ob Appenzeller, Bergkäse, Parmesan oder Camembert - in diesem Familienbetrieb gibt es seit über 70 Jahren rund 400 Käse aus aller Welt und als Spezialität über 50 Ziegen- und Schafskäsesorten.
Probieren Sie auch den Blüten- und Waldhonig aus eigener Imkerei.
www.kaese-geiger.de

Milchzelt auf der Allgäuer Festwoche

GEBRÜDER WEIXLER

Das Allgäuer Brauhaus geht auf eine Idee der Familie Weixler zurück, die 1911 ihr Bürgerliches Brauhaus in eine Aktiengesellschaft umwandelte und sich im selben Jahr mit der Brauerei Zum Grünen Baum (Familie Schnitzer) verband. 1921 gingen die Aktienbrauerei Kempten (ehem. Stiftsbrauerei; besteht seit 1394) und in der Folge alle weiteren Kemptener Privatbrauereien im Allgäuer Brauhaus auf.
Firmengründer August Weixler starb 1920 durch einen Unglücksfall und sein Bruder Robert vermachte sein Vermögen der Stadt für den Bau des Stadtkrankenhauses Kempten. Kommerzienrat Johann Schnitzer führte die Brauerei bis zu seinem Tode 1965. Seit 1967 gehört die Aktienmehrheit der Familie Oetker in Bielefeld (Radeberger Gruppe).

BIERLAND

Auf eine mehr als 600-jährige Brautradition kann die Stadt Kempten zurückblicken. Im stiftischen Salbuch von 1394 wird die Brauerei des Benediktinerklosters erstmals erwähnt.
Aus der Glanzzeit des Klosters stammt der Bericht über ein neues Bier. Als der Fürstabt nach einer langen Reise in seine Residenz zurückkehrte, empfing ihn der Braumeister mit einem Bierkrug. Der Abt probierte, lächelte und freute sich über den Stiftsweizenbock, der noch heute gerne serviert wird.
Aus den vielen kleinen Hausbrauereien in der Reichsstadt Kempten entwickelte sich das Allgäuer Brauhaus. Im Zuge einer Modernisierung wurde die Braustätte nach Marktoberdorf-Leuterschach verlegt.
www.allgauer-brauhaus.de

Biergarten Zum Stift

GENIESSEN

Kempten ist seit Jahrhunderten für seine kulinarische Vielfalt bekannt. Bereits im Mittelalter hatten Pilger und Handelsreisende eine große Auswahl an Gasthäusern und Bieren. Heute bietet die Kemptener Gastronomie ihren Gästen ein breites Angebot an Allgäuer und internationalen Gerichten. Mit weit über 200 Restaurants, Gaststätten, Cafés und Kneipen präsentiert sich die Allgäumetropole ausgesprochen vielseitig.

ALLGÄUER KÜCHE

BAYERISCHER HOF

Wer ein stilvolles Allgäuer Ambiente schätzt, kehrt im Bayerischen Hof an der Iller ein. Das Haus hat eine Tradition, die bis 1472 zurückreicht und wird seit über 100 Jahren von der Familie Nägele geführt. Sie serviert zu Allgäuer Spezialitäten wie Spanferkel, Schweinshaxe oder Allgäuer Kässpatzen das naturtrübe Bayerisch-Hof-Bier. Zu den schönsten Plätzen der Altstadt zählt sicherlich die Gartenwirtschaft im romantischen Chapuis-Park mit Rotbuchen und Springbrunnen.

www.bayerischerhof-kempten.de
Füssener Str. 96, 0831-5718150

STADTSCHREIBER

Lassen Sie sich verwöhnen in einem der ältesten Gebäude aus der Spätrenaissance in der Reichsstadt Kempten, erbaut anno 1604. Genießen Sie auf der Terrasse die regionale gut bürgerliche und französische Küche von Christian Gillon. Das Gewölbe des Ritterstübles zeigt historische Altstadt-Motive.

Reichsstraße 2, 0831-5407575

Rathausplatz Kempten

WIPPER-BREZEN

Was wäre eine Stadt wie Kempten ohne Brezen. Sie gehören einfach zum Allgäuer Alltag. Stellen Sie sich doch nur ein paar Weißwürste ohne Brezen vor – das wäre nur eine halbe Sache. Und Breze ist auch nicht gleich Breze, sagen viele Einheimische. Da sind die Geschmäcker sehr verschieden. Für viele Familien beginnt das Wochenende mit frischen Brezen aus der Bäckerei Wipper in der Kronenstraße. Am Samstagmorgen bilden sich oft lange Schlangen bis auf die Straße hinaus, um frische duftende Brezen, ein paar Semmeln und Brot mit nach Hause zu holen.

www.baeckerei-wipper.de

SCHALANDER

An der Freitreppe liegt das Restaurant Schalander mit einer feinen Allgäuer Küche in heimeliger Atmosphäre. Setzen Sie sich auf die sonnige Steinterrasse, lassen Sie sich Krautkrapfen, Maultaschen, Allgäuer Nudelteller oder Zwiebelrostbraten servieren und genießen Sie den Blick auf die belebte Rathausstraße.

www.schalander-kempten.de
Fischersteige 9, 0831-16866

ZUM STIFT

Im größten Biergarten der Stadt schenkt die Brauereigaststätte Zum Stift frisches Allgäuer Brauhaus-Bier aus. Jürgen Berkmiller und sein Team servieren als Stift-Klassiker: Ofenfrischer Schweinekrustenbraten, bayerische knusprige Schweinshaxe, Stifts-Filetteller, hausgemachte Maultaschen und Allgäuer Kässpatzen mit drei Käsesorten.

www.zum-stift.de
Stiftsplatz 1, 0831-22388

GOLDENE TRAUBE

Die Goldene Traube an der Memminger Straße ist bekannt für ihre gut-bürgerliche Küche, ihre Kässpatzen und den Biergarten, in dem es Allgäuer Brauhaus-Bier gibt.

Memminger Straße 7, 0831-22187

HAUS HOCHLAND

Bereits in der vierten Generation serviert Familie Hummel eine feine Küche für jeden Anlass. Im Haus Hochland in der Stiftsstadt empfiehlt sich eine Reservierung. Genießen Sie in Hummels Restaurant feine Salate, Bummler-Toast, Cordon Bleu vom Milchkalb oder ein deftiges Steak.

Prälat-Götz-Straße 2, 0831-28584

MECKATZER BRÄU-ENGEL

Im Stil einer Sudhausbrauerei ist der Bräu-Engel in der Prälat-Götz-Straße eingerichtet. Hier wird Bier-Brotsuppe mit Speck und Zwiebeln serviert. Allgäuer Zwiebelrostbraten steht ebenso auf der Karte wie der „Meckatzer Schlemmerteller": Schweinefilet auf Kässpätzle mit Speckstreifen, Röstzwiebeln und Champignonrahmsauce.

www.meckatzer-braeu-engel.de
Prälat-Götz-Str. 17, 0831-5656499

LÖWEN

Zu den urigsten Gaststätten gehört seit Jahrzehnten der Löwen in der Stiftsstadt. Der Reiserweg liegt etwas versteckt im Gewirr der Gassen, aber die Allgäuer Kässpatzen mit Zwiebeln und Salat, Zwiebelrostbraten, Schnitzel oder fränkische Schäufele sind jeden Weg wert.

Reiserweg 2, 0831-24227

EISDIELEN

Eis essen gehört zu den Lieblingsbeschäftigungen der Kemptener. Ob eine einfache Waffel mit Vanilleeis oder ein großer Liebesbecher für Zwei. Kemptener Eis ist in der Regel hausgemacht.
Dabei gehört das **Cordella** im Brodkorbweg zu den beliebtesten Eisdielen. Seit Jahrzehnten bekannt ist das **Venezia** in der Fischerstraße. Neben dem Parkhaus Kronenstraße hat das **Mauritius** sein Domizil und gleich nebenan ist das **Ätna**. Neben der „bigBOX Allgäu" lädt die Eisdiele **Cortina** ein. Weitere Eisspezialitäten servieren das **Gelati** im Forum Allgäu und das **Mr. Eis** im Zentralhaus.

WALDHORN

Stets gut besucht ist das Restaurant Waldhorn in Steufzgen. Hier steht die Familie Heel für einen Service, der von Herzlichkeit geprägt ist. Die gut bürgerliche Küche und die feinen Kuchen werden von vielen Familien, Vereinen und Firmen geschätzt.

www.waldhorn-kempten.de
Steufzgen 80, 0831-580580

MARIABERG

Das Landgasthaus Mariaberg bietet den höchst gelegenen Biergarten der Stadt. In der Gaststätte hängen zahlreiche Kemptener Ansichten.

www.landgasthaus-mariaberg.de
Mariaberger Str. 218, 0831-5757806

SONNENHANG

Mit seinem Pavillon und einer großen Sonnenterrasse ist das Restaurant Sonnenhang im Thingers ein beliebter Treff mit Allgäuer Küche.

www.hotel-sonnenhang-kempten.de
Mariaberger Str. 78, 0831-93756

STORCHENNEST

Nur ein paar Schritte entfernt von der „bigBOX Allgäu“ liegt das Storchennest. Genießen Sie bei Familie Preschl den Ratsherren-Topf mit Schweinelendchen in feiner Rahmsoße auf hausgemachten Spätzle.

www.restaurant-storchennest.de
Bahnhofstr. 6, 0831-29237

LANDHOTEL ADLER

5 km Richtung Oberstdorf im kleinen Ort Martinszell unser besonderer Tipp: Im Landhotel Adler von Maria Platz wird mit erstklassigen Produkten aus der Region gekocht. Dafür erhielt sie beim Wettbewerb Bayerische Küche eine Goldmedaille.

www.adler-martinszell.de
Illerstr. 10, 08379-920700

KÄSSPATZEN

Gibt es ein Gericht, das typischer ist für Kempten als Kässpatzen? Nein! Sie haben nun zwei Möglichkeiten: Entweder kaufen Sie sich einen Spätzlehobel und die für die Zubereitung notwendigen Zutaten und versuchen es selbst am Herd, oder Sie gehen in eine alt eingesessene Kemptener Wirtschaft und bestellen sich frische Kässpatzen mit Zwiebeln.

Hier eine Auswahl von Adressen:
Brauereigaststätte zum Stift
Stiftsplatz 1
Bayerischer Hof
Füssener Straße 96
Haus Hochland
Prälat-Götz-Straße 2
Goldene Traube
Memminger Straße 7
Löwen, Reiserweg 2
Meckatzer Bräuengel
Prälat–Götz-Straße 17
Schalander
Fischersteige 9
Storchennest
Bahnhofstraße 6
Waldhorn
Steufzgen 80

Bayerns Wirtschaftsminister Martin Zeil genießt Kässpatzen im Waldhorn

INTERNATIONALE KÜCHE

SKYLINE

Das Höchste in Kempten ist zweifellos das Restaurant Skyline mit seiner Terrasse im 13. Stock. Ob Brunch oder Candlelight-Dinner, die Karte ist sehenswert. Bestellen Sie z.B. ein leichtes Würzblüten-Rahmsüppchen sowie gebratenes Saiblingsfilet in Würzblüten-Sahnesauce mit Gemüse vom Markt und Kartoffeln.

www.parkhotelkempten.de
Bahnhofstr. 1, 0831-2527999

ALTE BLEICHE

Illeraufwärts liegt der Stadtteil Kottern mit dem Restaurant Alte Bleiche an der ehemaligen Spinnerei Kottern. Familie Zendler hat das Lokal mit seiner großen Terrasse direkt an der Iller zu einem Treffpunkt mit internationaler Küche entwickelt.

www.parkhotelkempten.de
Albert-Einstein-Str. 2, 0831-5800198

GOLDENES ROSS

In historischem Ambiente an der Bäckerstraße werden Fränkischer Sauerbraten mit Gemüse und Spätzle oder Fränkisches Schäufele mit Bratkartoffeln serviert.

www.goldenesross.de
Bäckerstr. 25, 0831-5123223

EL DORADO

Das El Doroado in der Immenstädter Straße bietet im großen Wintergarten mexikanische Tapas und saftige Steaks in jeder Größe.

Immenstädter Str. 26, 0831-5239392

QUIBERON

Das französische Lokal Rendez-vous à Quiberon in der Rathausstraße entführt in die Bretagne.

Rathausplatz 2, 0831-5208116

ITALIENISCH

Italienische Restaurants in Kempten können auf eine jahrzehntelange Tradition blicken.

Im **San Remo** werden seit mehr als 35 Jahren frische Pizzen, Spaghetti oder Fisch serviert.

Leonhardstr. 14, 0831-65401

Das **Federico II** bietet Pizza aus einem Holzofen.

Memminger Str. 158, 0831-5127611

Eine vornehme Adresse ist das **La Strada** von Claudio Parinello.

Kronenstraße 18, 0831-6973112

Versteckt in der Altstadt liegt das **La Cave** mit seinem Wintergarten.

In der Brandstatt 8, 0831-17621

La Taverna serviert frische Meeresfrüchte.

Lindauer Straße 5, 0831-28530

Die **Lagune** empfängt seine Gäste in historischem Gemäuer.

St. Mang-Platz 17, 0831-12244

Das **Mylord** ist eine der bekanntesten Adressen; Spezialität: Fisch!

Kotterner Straße 72, 0831-28374

Die **Osteria Antica** besticht durch südländisches Ambiente.

Lenzfrieder Straße 55, 0831-5740040

Nach dem Sport serviert das **Rustico** im TVK-Sportpark leckere Pizza.

Aybühlweg 65, 0831-2006428

WEINSTUBEN

Zu den bekanntesten Weinstuben der Stadt gehört das **Grammetbauer** an der Ecke Salzstraße/Kesselgasse.

Kesselgasse 1, 0831-21765

Die **Weinhandlung Johann Schnitzer** mit ihrer großen Sonnenterrasse hat zwischen 10.00 und 18.00 Uhr geöffnet. Hier kann man Weine genießen und kaufen.

Rathausplatz 13, 0831-29402

BIERGÄRTEN

In Kempten gibt es eine Reihe interessanter Biergärten und Gartenwirtschaften. Zu den gut besuchten Treffpunkten zählen die Biergärten Zum Stift, Goldene Traube, Mariaberg oder Bachtelweiher, Klecks, Alte Bleiche und Burghalde. Sehr idyllisch liegt der Chapuis-Park am Bayerischen Hof.

www.zum-stift.de
www.landgasthaus-mariaberg.de
www.bachtelweiher-garten.de
www.bayerischerhof-kempten.de
www.wirtshaus-klecks.de
www.parkhotelkempten.de

STADTFÜHRUNGEN

Sehr gefragt ist die abendliche Schmankerl-Stadtführung. Der Treffpunkt ist am Eingang zum Fürstensaal an der Residenz. Von dort aus führt der dreistündige Spaziergang zum Stift und weiter zur Weinstube Grammetbauer. Zu den Köstlichkeiten gibt es Anekdoten und Hinweise auf Kemptener Gepflogenheiten. Der Weg durch die Reichsstadt wird durch „leckere" Informationen schmackhaft gemacht.
www.kempten.de

Kulinarische Stadtführung

CAFÉS

Zu den bekanntesten Häusern zählt das **Residenzcafé** mit zwei Terrassen am Zumsteinhaus. Seit 60 Jahren serviert Familie Wegscheider frische Kuchen, Pralinés und Kemptener Leckereien.
Residenzplatz 29, 0831-2923857

Café am Stadtweiher
Feichtmayrstr.37,0831-56585959

Café Aran
Fischersteige 8, 0831-45029580

Lavazza
Fischerstraße 26, 0831-23671

Milk&Sugar
Fischerstraße 12, 0831-1223456

Ratscafé
Rathausplatz 15, 0831-12736

Segafredo
im Forum Allgäu, 0831-56599710

NETTE TOILETTE

Das Projekt „Nette Toilette" ist eine Gemeinschaftsaktion von Stadt, City-Management und Gastronomie. Mit der Aktion „Nette Toilette" verfügt die Stadt Kempten über ein flächendeckendes Netz an öffentlich zugänglichen Toiletten. Dazu stellen mehrere gastronomische Betriebe ihre Toiletten zu ihren Öffnungszeiten der Allgemeinheit zur Verfügung.
Öffentliche Toiletten:
- Zumsteinhaus, Zumsteingarten
- Stadtverwaltung, Rathausplatz 22
- Parkhaus Königsplatz
- Stadtweiher, Feichtmayrstraße
- Engelhaldepark am Kiosk

www.kempten.de

SZENE

Zur Kemptener Gastronomie gehören auch eine Reihe von Szenelokalen, die vor allem von der Jugend und Studenten besucht werden.

A Tousand Miles to Dublin
An der Sutt 13, ***0831-6973474***
www.thousand-miles.de
Altstadtwirtschaft, Rathausplatz 8
www.altstadtwirtschaft.de
College, Bahnhofstrasse 47
0831-26329
Cuba Libre, Kronenstraße 18
www.cuba-libre-bar.com
Glamour Café Garden Lounge
Fischersteige 6
0831-5658250
Künstlerhaus, Beethovenstraße 2
www.kunstraeume-kempten.de
James Pub, Schleihenweiher 16
0831-22022
Lobby, Klostersteige 15
www.die-lobby.com
Milchbar, Bahnhofstr. 47
www.milchbar-kempten.de
Ritterkeller, Überm Mäuerle 7
www.der-ritterkeller.de
Siebzehn, Kronenstraße 42
www.siebzehn-kempten.de
Starlet, Königstraße 3
www.starlet-kempten.de
Times, Bahnhofstraße 44
www.times-kempten.de
Trio-Bar, Rathausplatz 23
www.triobar.de

Hier trifft sich die Schwulen- und Lesben-Szene:
Club 14, Bleicherstraße 35
Village Club, Haubensteigweg 9
www.villageclub-kempten.de

DISCO/CLUB

Abtanzen bis zum Morgen kann man in den Clubs und Diskotheken.

Drop-In
Memminger Str. 8. Tel. 0831-23297
Ferggies Club
Bahnhofstraße 35, 0831-5237585
www.ferggies.de
Numb Underground Club
Kotterner Str. 74,
Nachtcafe-Kempten
Disco-Dance-Club
Thomas-Dachser-Str. 5
Parktheater
Linggstraße 2, 0831-2006233
www.parktheater-kempten.de
Pegasus
Heinrichgasse 1, Tel. 0831-23256

Parktheater

Ferggies Club

HOTELS

Erleben Sie schöne Tage in Kempten. 11 Hotels aus Kempten und Umgebung haben rund 30 verschiedene Arrangements fürs Wochenende oder einen Kurzurlaub geschnürt. Die Angebote sind nach **sechs Themen** gegliedert:

„Kulturelle Angebote" für Gäste, die Kultur suchen, gerne ins Museum gehen und eine historisch geprägte Stadt kennenlernen möchten.
„Angebote für alle Sinne", um etwas für das Wohlbefinden zu tun, sich verwöhnen zu lassen und Kulinarisches aus dem Allgäu zu entdecken.
„Stop-Over-Angebote", um die Anfahrt in den Urlaub zu bereichern.
„Mit Freunden unterwegs" dient als Aufhänger für Ausflüge mit der Clique, Nachbarn oder Vereinskollegen.
„Golf- und Nordic Walking Angebote" bieten sich für sportlich Aktive an.
„Jahreszeitliche Angebote" beziehen sich auf die Vorweihnachtszeit in Kempten und Umgebung.
www.kempten.de

Preise für ein Doppelzimmer mit Frühstück

€€€ ab 100 €	€€ bis 100 €
€ bis 75 €	*ohne Frühstück

HOTEL AM FORUM
Familiengeführtes Hotel gleich neben der „bigBOX Allgäu". Spezialität: Hier schlafen Sie auf bequemen Ölvitalbetten. • €€€
Kotterner Str. 72 • 0831-521870
www.hotel-am-forum.com

HOTEL BAYERISCHER HOF
Eine der ersten Adressen in Kempten. Jedes Zimmer im 4-Sterne-Haus ist ein neues Erlebnis. • €€€
Füssener Straße 96 • 0831-57180
www.bayerischerhof-kempten.de

GÄSTEHAUS BEI DEN BIRKEN
Wer es gerne ruhig mag, ist in diesem familiengeführten 20-Betten-Haus richtig. • €
Goethestraße 25 • 0831-28008
www.hotels-kempten.de

HOTEL-PENSION BERG-CAFÉ
Ein preiswertes Haus in dörflich-idyllischer Lage am Golfplatz mit einem fantastischen Bergblick. • €
Höhenweg 6 • 0831-575110
www.bergcafe.de

HOTEL FÜRSTENHOF
Mitten in der Reichsstadt Kempten stiegen hier schon Könige ab. • €€
Rathausplatz 8 • 0831-25360
www.fuerstenhof-kempten.de

LANDHOTEL HIRSCH
Genießen Sie das italienische Flair und die Küche. Der Golfplatz Kempten liegt in Schlagweite. • €
Lenzfrieder Str. 55 • 0831-574000
www.hirsch-kempten.de

PARK HOTEL KEMPTEN
Das Höchste in Kempten. Zimmer in unvergleichlicher Größe und mit schönem Blick über die Stadt. • €€€
Bahnhofstraße 1 • 0831-25275
www.parkhotelkempten.de

HOTEL PETERHOF
Beliebt bei Reisenden und Gruppen. Liegt zentral an der historischen Beethovenstraße. • €€
Salzstraße 1 • 0831-52440
www.hotelpeterhof.de

GÄSTEHAUS CHAPLIN

Einfaches Haus für Pilger und Radreisende. • €*

Poststraße 23 • 0831-98124
Mail: mirza@pilsbar-chaplin.de

SMART MOTEL

Das südlichste Motel Deutschlands liegt in Autobahnnähe; mit Konferenzräumen. Mit im Haus: Die Kochschule von Christian Henze. • €*

Edisonstraße 4 • 0831-200600
www.smartmotel.de

HOTEL-RESTAURANT SONNENHANG

Traditionelles Haus, in ruhiger und schöner Lage nur 10 min vom Zentrum entfernt. • €€

Mariaberger Str. 78 • 0831-93756
www.hotel-sonnenhang-kempten.de

HOTEL TAVERNA-KRETA

Einfache Zimmer für Reisende und Radtouristen Nähe Bahnhof. • €*

Immenstädter Str. 74 • 0831-5909110
www.hotel-taverna-kreta-kempten.de

HOTEL-RESTAURANT WALDHORN

Neben dem traditionellen Hotel bietet das familiengeführte Waldhorn auch ein modernes Gästehaus für anspruchsvolle Gäste. • €€

Steufzgen 80 • 0831-580580
www.waldhorn-kempten.de

JUGEND-FAMILIEN-GÄSTE-HAUS – JUFA

Das neue Gästehaus für Jugendgruppen und Familien neben Cambomare wird im Jahr 2011 eröffnet. • €

www.jufa.at/kempten

HOTEL GOLDENE STEIG

Das neue Hotel in der Klostersteige eröffnet im September 2010.

Rendez-vous à Quiberon beim Rathaus

PARTNERSTÄDTE

Kempten unterhält Partnerschaften mit fünf europäischen Städten. Alle haben römische oder keltische Wurzeln. Mit der Weinstadt **Bad Dürkheim** in der Pfalz bestand seit 1951 eine Patenschaft, welche 2001 mit einer offiziellen Partnerschaft besiegelt wurde. Inzwischen gibt es in Bad Dürkheim einen Kemptener Weinberg. Der Patenwein wird auf der Allgäuer Festwoche ausgeschenkt. 1971 unterzeichneten der Bürgermeister von Sankt Mang und sein französischer Amtskollege in **Quiberon** an der Atlantikküste einen Freundschaftsvertrag. Bei der Gebietsreform erbte die Stadt Kempten die Partnerschaft und pflegt sie im Sinne eines vereinigten Europas. 1987 entstanden zwei Partnerschaften mit der norditalienischen Stadt **Trient** und der ungarischen Grenzstadt **Sopron**. Trient liegt unweit des Gardasees an der Etsch. Sopron (Ödenburg) lag zu Zeiten des Kalten Krieges kurz hinter dem Eisernen Vorhang. 1990 begann die Partnerschaft mit der irischen Stadt **Sligo**.

STADTSPAZIERGÄNGE

Entdecken Sie alle Sehenswürdigkeiten der historischen Doppelstadt Kempten in netten Spaziergängen, die sowohl zu den Highlights als auch zu versteckten Plätzen führen.

CAMBODUNUM

Sicherlich haben Sie schon vom Wettstreit um den Titel „Älteste Stadt Deutschlands" gehört. Er wird seit Jahrzehnten mit einer gehörigen Portion Lokalpatriotismus geführt. Inzwischen werben schon über zehn Städte mit diesem werbewirksamen Zusatz. Trier, Xanten oder Köln setzen auf ihre imposanten Bauwerke.
Leider haben sie alle die Rechnung ohne den griechischen Geographen Strabon (64/63 v. Chr. bis 18/23 n. Chr.) gemacht. In seiner vierbändigen „Geographika" erwähnte er als älteste Stadt im heutigen Deutschland die „Polis Kambodounon", die „Stadt Cambodunum".
Damit hat es Kempten schriftlich, älteste Stadt zu sein. Inzwischen wird das römische Erbe seit mehr als 125 Jahren archäologisch untersucht und aufbereitet. Die **Kleinen Thermen** 3 und der **Gallorömische Tempelbezirk** bieten aber mehr als nur tote Steine, sie werden durch viele Aktionen laufend mit Leben erfüllt.
Aus den ersten Jahren nach der Zeitenwende stammen die ältesten Belege. Das sind beispielsweise römische Alltagsgegenstände und der Rest einer Inschrift.
In den letzten Regierungsjahren des ersten römischen Kaisers Augustus (30 v. Chr. bis 14 n. Chr.) gründeten römische Siedler Cambodunum, das heutige Kempten. Wie muß man sich diese römische Landstadt auf dem Lindenberg vorstellen? Der Zentralbereich der in Stein erbauten offenen Römersiedlung lag am rechten Illerufer auf einem Plateau. Im Archäologischen Park Cambodunum (APC) wird die Geschichte der Römerstadt Kempten sichtbar.

Gallorömischer Tempelbezirk

TABERNA

In der Taberna (Museumsshop und Café) gibt es nicht nur Ausstellungsführer, Postkarten und römische Mitbringsel, sondern auch verschiedene Speisen und Getränke. Einige besondere Leckereien wurden nach original römischen Rezepten hergestellt. Probieren Sie ein Crustulum, Lukanische Würste, einen Honiglebkuchen mit antikem Bildmotiv oder Vinum Conditum, einen Würzwein.
Auch im antiken Cambodunum gab es „tabernae", auf Deutsch „Läden", in denen alles Mögliche für das leibliche und seelische Wohl gekauft werden konnte.

Hier war das zivile Verwaltungszentrum und der Sitz des Statthalters der Alpenprovinz Rätien im 1. Jahrhundert n. Chr., schon lange vor der späteren Provinzhauptstadt Augsburg – Augusta Vindelicum.
In die Rollen des Statthalters, seiner Familie und der Bediensteten schlüpfen heute junge Kemptener, die gerne Theater spielen. In Rüstung mit Schwert und Schild oder in weite Kleider gehüllt machen sie Geschichte lebendig.
In den Gallorömischen Tempelbezirk brachten die romanisierten Kelten (Galli), Germanen und Römer aus den Regionen südlich der Alpen ihre Religionen mit. Von den ursprünglich 13 Kultbauten aus Stein wurden einige im Maßstab 1:1 rekonstruiert. Neben Weihespielen und historischen Theatern ist der Tempelbezirk Schausplatz für die Kulturserie des APC-Sommers.
Sehr interessant sind die Ausgrabungen des **Forums**, einst Zentrum des städtischen und öffentlichen Lebens. Vor 2000 Jahren standen hier erste Steingebäude. Nach einem Brand wurden diese ab den 70er Jahren n. Chr. durch neue und teilweise größere Bauten ersetzt.
Die **Basilika** war der größte und nobelste Versammlungsraum innerhalb des Forums, in dem sich ein wichtiger Teil der frühen Provinzgeschichte Rätiens widerspiegelt. Ein Bronzemodell im jederzeit frei zugänglichen Park läßt die Größe des Forums erahnen. In den Augen von Historikern ist Kempten als Römerstadt nördlich der Alpen einmalig.
Als Rätien zur eigenständigen Provinz wurde, bezog der römische Statthalter im Zentrum von Cambodunum einen palastartigen Bau, das so genannte Praetorium, das im letzten

Statue des römischen Kaisers Augustus (30 v. Chr. bis 14 n. Chr.)

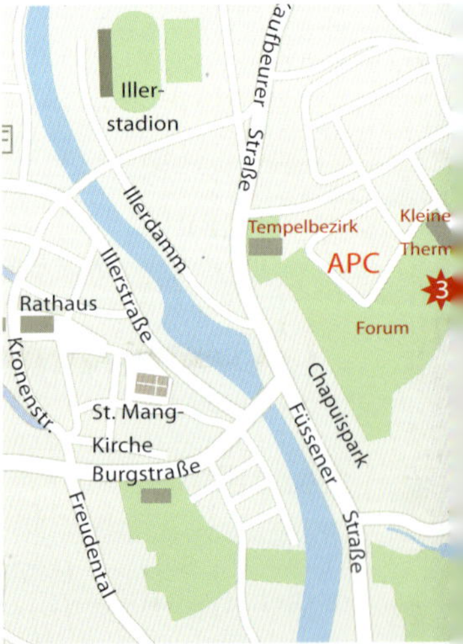

Drittel des I. Jahrhunderts n. Chr. in Stein neu errichtet wurde.
Angrenzend entstanden die **Kleinen Thermen**, eine private Badeanlage für den Statthalter, seine Familie, engste Mitarbeiter und Gäste.
Nach der Verlagerung der Hauptstadt nach Augsburg zu Beginn des 2. Jahrhunderts wurde das Praetorium zum Gästehaus umgebaut. Die Kleinen Thermen erhielten eine öffentliche Latrine, die rekonstruiert wurde. Bestaunen Sie die originalen Grundmauern, Böden, Heizkeller und Kanäle der antiken Badeanlage. Ein großes Gesamtmodell sowie archäologische Funde informieren über das römische Badewesen.
Im APC gibt es eine Reihe von Themenführungen. Machen Sie mit bei „homo ludens" und spielen Sie wie die Römer. Lassen Sie sich verzaubern von den Düften der Antike oder probieren Sie aus, wie man vor 2000 Jahren Liebesbriefe oder Geschäftspost geschrieben hat. Hüllen Sie sich in römische Mode und schreiten Sie in Ledersandalen durch den Tempel. Am Ende winkt Jung und Alt eine römische Brotzeit.
www.apc-kempten.de

Hercules-Statue

RÖMISCHES MUSEUM

Im Zumsteinhaus am Residenzplatz wurde ein römisches Museum eingerichtet. Hier werden zahlreiche Bodenfunde der Ausgrabungen des römischen Cambodunum ausgestellt: Sie sehen Gebrauchs- und Kultgegenstände sowie Zeugnisse der weltweit gespannten Handelsbeziehungen. Modelle, Karten und Pläne informieren über die Größe der römischen Stadt. Prunkstück der Ausstellung ist der Wiggensbacher Schatzfund.
www.kempten.de

Die Kleinen Thermen sind täglich außer Montag geöffnet

REICHSSTADT

Die frühmittelalterlichen Anfänge Kemptens liegen bis heute weitgehend im Dunkel der Geschichte. Seit dem 8. Jahrhundert wuchs in Kempten ein eigenständiges Kloster heran. Neben dem geistlichen Zentrum im Bereich der heutigen Residenz entwickelte sich im hohen Mittelalter eine Marktsiedlung unter der Burghalde.

Der Spaziergang durch die ehemalige Reichsstadt Kempten beginnt am **Rathaus** 2 und führt Sie zum **Rathausbrunnen** mit seinen Bürgermeisterwappen und wasserspeienden Delfinen.

Durch ein Privileg König Rudolfs von Habsburg begann 1289 die Loslösung der Reichsstadt aus dem Hoheitsbereich des Abtes. Allerdings zog sich die politische und wirtschaftliche Befreiung vom Stift über Jahrhunderte hin.

Schon vor der Teilung Kemptens gab es wiederholte Auseinandersetzungen zwischen den Bürgern und dem Fürstabt.

Durch Kaiser Friedrich III. erhielt die Reichsstadt 1488 das Recht, den Reichsadler mit der Kaiserkrone in ihrem Stadtwappen zu führen. Dieses prangt an der Ostseite des Rathauses. Auf diesem Platz wurde im Juli 1543 Kaiser Karl V. auf seinem Rückweg von Italien begrüßt.

Zwischen den Tischen der Straßencafés suchen Sie sich einen Weg zur Mauer der Partnerstädte. Die Stadt unterhält sehr intensiv gelebte Verbindungen zu fünf europäischen Städten. Auf dem Rathausplatz sind Steine aus Bad Dürkheim, Quiberon, Sligo, Sopron und Trient zu einer Mauer zusammengefügt (S. 39).

Gemälde am Rathaus

HEINRICH

Ritter Heinrich der Kempter begleitete Kaiser Otto auf einem Kriegszug nach Italien. Eines Abends, als Heinrich gerade in seinem Zuber ein Bad nahm, bemerkte er, dass der Kaiser in einen Hinterhalt geraten war: Ein Trupp feindlicher Soldaten hatte ihn bereits umzingelt. Heinrich sprang auf, ergriff sein Schwert und schlug nackt, wie er war, die Feinde in die Flucht. Der Sage nach ging die Burg Unterthingau 963 an den mutigen Ritter Heinrich.

Freiherr Christian Friedrich von Ponickau heiratete 1804 Anna Catharina von Jenisch und gab dem Patrizierhaus am Rathausplatz seinen Namen. Seit 1916 ist dort die Allgäuer Volksbank zu Hause. Besonders sehenswert sind das doppelläufige Treppenhaus und der 1740 gestaltete Rokoko-Festsaal.

Der Rathausplatz ist seit Jahrhunderten der Mittelpunkt der Altstadt. Er bietet Platz für Feste und Märkte und zählt zu den beliebtesten Treffpunkten der Stadt. Mit seinen Patrizier- und Bürgerhäusern als Kulisse ist der Rathausplatz der Open-Air-Festsaal der Stadt. Das **Ponickau-Haus** wurde von der Allgäuer Volksbank restauriert, den **Fürstenhof** bewahrte Heimatpfleger Alfred Weitnauer vor dem Abbruch und im **Stadtarchiv** erfahren Sie vieles über die 2000-jährige Geschichte.

Von dort geht es am **Londoner Hof** mit seiner Rokoko-Fassade vorbei zum Mühlberg-Ensemble, dem ältesten Steinhaus der Stadt, dem Seelhaus zum Steg. Im alten Pfarrhaus wuchs Carl von Linde, der Erfinder der Kühlmaschine, auf. Die **St. Mang-Kirche ist** Kemptens älteste Kirche. Die Unabhängigkeit vom Stift erwarb die Reichsstadt 1525 mit dem „Großen Kauf". Zwei Jahre später schlossen sich die Bürger der Reformation an.

Von ihrem kleinen Territorium aus betrieben sie einen schwunghaften Handel und hatten leistungsfähige Zunft-Handwerker in ihren Reihen.

Vor der Kirche steht der **St. Mang-Brunnen**, der vom Münchener Prof. Georg Wrba 1904 gestaltet wurde. Die Finanzierung geht auf eine Stiftung von Christian Marco Calgeer (Grabmal auf dem Friedhof unter der Burghalde) zurück, der zu den größten Wohltätern der Stadt zählt.
Unter dem **St. Mang-Platz** liegt die Erasmuskapelle mit dem neuen Schauraum über die Reichsstadtgeschichte (Eröffnung im September 2010). Sie ist ein Beispiel für das stete Geschichtsbewusstsein der Kemptener, die sich gerne mit der Historie ihrer Stadt befassen.
Nehmen Sie vor dem Gasthaus **Stadtschreiber** Platz und lassen Sie den Blick über die Fassaden schweifen. Die Altstadt war jahrhundertelang von der Regsamkeit einer Reichsstadt geprägt. Bürgerfleiß, Stolz der Zünfte und geschickter Handel führten zu ansehnlichem Wohlstand.
Nach dem Zweiten Weltkrieg war dieser Stadtteil in einen Dornröschenschlaf gefallen. Doch dann erhielt das Viertel um die Bäckerstraße durch junge Familien, neue Läden, soziale Einrichtungen und Gesundheitsangebote neue Impulse.
Machen Sie ein paar Schritte in die **Schützenstraße** zur historischen Münze und dem Haus der Senioren, einer einmaligen Einrichtung in Bayern. Zurück auf dem **St. Mang-Platz** betrachten Sie das **Rote Haus** mit dem kunstvoll geschmiedeten Tor. Wenige Schritte weiter gibt eine kleine Passage den Blick auf das **Schwanengelände** frei. Hier ist aus einer jahrzehntealten Brache ein belebtes Quartier erwacht. Zurück in der Bäckerstraße schreiten Sie kurz ins **Ankergässele**, in dem einst Volksschauspieler Michl Lang das Licht der Welt erblickte.

STADTARCHIV KEMPTEN

Zwei spätmittelalterliche und barocke Gebäude, das alte Zollamt und das Neubronnerhaus wurden in den Jahren 1977/83 zu einem geräumigen Domizil für das Stadtarchiv vereinigt. Für Historiker und Heimatforscher ist das Archiv eine vielfältige Fundgrube. Dort werden Ratsprotokolle, Urkunden, Steuer- und Rechnungsbücher aufbewahrt. Es gibt Akten, die teilweise mehrere Jahrhunderte zurückreichen, von Stadtmagistrat und Stadtverwaltung, sowie Unterlagen der im Jahr 1972 eingemeindeten Ortsteile Sankt Mang und Sankt Lorenz. Aufschlüsse über Verwandtschaftsverhältnisse versprechen Familienbögen aus der Zeit vom Ende des 18. Jahrhunderts bis in die 1920er-Jahre sowie Stammbäume von Kemptener und Allgäuer Familien. Ferner befinden sich im Archiv Fotos, Karten und Pläne, Kupferstiche und Holzschnitte, Zeichnungen sowie Graphiken vieler Kemptener und Allgäuer Künstler.

Gotische Wandmalerei im Stadtarchiv

ST. MANG-KIRCHE 8

ca. 8.–10. Jahrhundert – vorromanische Kirche in der Altstadt
12. Jahrhundert – romanische Kirche, St. Magnus und St. Ulrich
12./13. Jahrhundert – Turm bis zur Höhe der heutigen Uhr erhalten
1426-28 – gotische Kirche
1440 – Turm wird zur heutigen Höhe ausgebaut
1527 – Kempten protestantisch
1533 – Bildersturm: Abbau der gotischen Altäre
1767 – Umbau und Stukkatur
1857 – Kirche wird innen und außen umgestaltet
1911–13 – Portalvorbau
1989 – neue Orgel für die Kirche
2008/10 – Archäologische Untersuchung des Friedhofs und der Kapelle St. Michael und Erasmus. Neugestaltung St. Mang-Platz

St. Mang-Kirche

Zurück in der Bäckerstraße sehen Sie die ehemalige Brauerei **Zum Schwarzen Adler**, in dem heute der Stadtjugendring zu Hause ist. Schließlich erreichen Sie das wieder erbaute **Illertor**. Von dort aus gehen Sie über den Fluss in die ehemalige Illervorstadt. Dort liegt die **Chapuis-Villa** mit einem imposanten Bürgerpark. Lassen Sie sich unter Buchen ein frisches Kellerbier aus dem Bayerischen Hof servieren. Auf dem Rückweg legen Sie bei den beiden Brückenheiligen **St. Magnus und St. Lorenz** einen kurzen Halt ein und gehen dann über die **Illerbrücke** in die Altstadt zurück. Durch die **Brennergasse** erreichen Sie das **Beginenhaus** und den **Nonnenturm** in einem langen Teilstück der mittelalterlichen Stadtmauer.

Altar von Leonhard Vogt (Memmingen), 1893

Iller, Illertor, St. Mang-Brücke und St. Mang-Kirche

Am Ende des Burghaldewegs blicken Sie auf das Fachwerk des **Ochsenkellers** und klettern auf einem schmalen Weg hinauf zur **Burghalde**. Von der neuen Aussichtsplattform aus schauen Sie auf die Altstadt hinab; Ihr Blick schweift dann nach Süden, wo sich die Alpenkette ausbreitet.

Jetzt wird Ihnen klar, dass die Reichsstadt Kempten politisch und konfessionell eine winzige Insel im Herrschaftsgebiet der Fürstäbte war. Erst mit der Säkularisation des Klosters und der Mediatisierung der Reichsstadt 1803 wurde der Weg frei für das vereinigte Kempten.

Mit diesen Gedanken führt Ihr Weg am kleinen evangelischen Friedhof vorbei zur Burgstraße. Das **Waisentor** wurde Ende des 20. Jahrhunderts wieder aufgebaut. Von dort gehen Sie über die Vogtstraße zum Sigmund-Ullmann-Platz mit dem **Müßiggengelzunfthaus**. Über die Kronenstraße kommen Sie zu den **König'schen Häusern** mit ihrer interessanten Bemalung. Sie sind nach dem ehemaligen Bürgermeister König benannt. Zum Schluss kehren Sie zurück zum Rathaus und genießen im Ratscafé ein Stück Torte.

STADTTORE

Die Reichsstadt Kempten war bis 1806 von einer Stadtmauer und Stadttoren umgeben. Nach der Zwangsehe der beiden Städte unter bayerischer Führung wurde mit dem Abbruch der Tore begonnen und die Mauer verkauft, nur wenige Tore und Türme blieben erhalten. Heute stehen mit Illertor und Waisentor zwei wieder aufgebaute Türme, die auf private Initiativen zurückgehen. In der Klostersteige erinnert eine Steinsäule an das Klostertor.

Waisentor an der Burgstraße

BURGHALDE

Die ältesten Fundstücke von der Burghalde stammen aus der römischen Kaiserzeit. Unter dem Druck der eindringenden Alemannen ab dem Jahr 233 n. Chr. wurde das ursprüngliche „Cambodunum" auf dem Lindenberg aufgegeben. Der Burghaldehügel wurde zum Kastell ausgebaut und am Fuß des Hügels entstand die neue Siedlung „Cambidanum", die bis ins 5. Jahrhundert hinein bewohnt blieb.
Im Hochmittelalter ließ der Fürstabt (etwa 1223) einen Turm auf seiner Burg erbauen, dessen Reste noch in der Westwand des Pavillons erhalten sind.
1363 nahmen die Bürger der Reichsstadt die Burghalde gewaltsam ein. Obwohl der Abt den folgenden Rechtsstreit gewann, verkaufte er „um des lieben Friedens willen" 1379 den Burghügel an die Reichsstadt.
Im 30-jährigen Krieg besetzten abwechselnd Schweden und kaiserlichen Truppen die Burghalde. Im Spanischen Erbfolgekrieg wurde sie 1703 vom französischen Militär zur Festung ausgebaut und 1705 auf Befehl der Kaiserlichen geschleift.
Der 1865 gegründete Burghaldeverein hauchte den Ruinen neues Leben ein, pflanzte Kemptens ältesten Park, organisierte Feste und sonntägliche Spaziergänge. Der Verein errichtete 1870/89 das Wärterhaus sowie 1909 den Pavillon. 1950 baute die Stadt Kempten auf der Burghalde eine Freilichtbühne. Im Jahr 2004 wurde im Wärterhaus das Allgäuer Burgenmuseum eröffnet, in dem Kinder und Erwachsene eine Zeitreise ins Mittelalter erleben können.

Burghalde mit Burgenmuseum

Ankergässele

STIFTSSTADT

Das Stift Kempten war über 1000 Jahre das geistliche und politische Zentrum des Allgäus. Schweden und Reichsstädter hatten im Dreißigjährigen Krieg das Kloster komplett zerstört. Aus den Ruinen entstanden eine neue Kirche sowie eine imposante Residenz, umgeben von einer völlig neu angelegten Stadt ohne Stadtmauer. Hier bot sich genügend Platz für Häuser mit ausgedehnten Gärten.

Entdecken Sie repräsentative herrschaftliche Häuser um die Klosteranlage und das Kornhaus. Hier lebten fürstliche Beamte neben armen Tagelöhnern. Die prächtige **Residenz** stand neben schlichten Herbergshäusern. Die Menschen arbeiteten in Manufakturen und am Hof. In der **Memminger Straße** wohnten Hofbeamte und wohlhabende Handwerker. Zwischen **Fürsten- und Lorenzstraße** gibt es noch heute versteckte Winkel, Plätze und kleine Gärten, die das Stadtbild prägen.

Rupert von Bodman

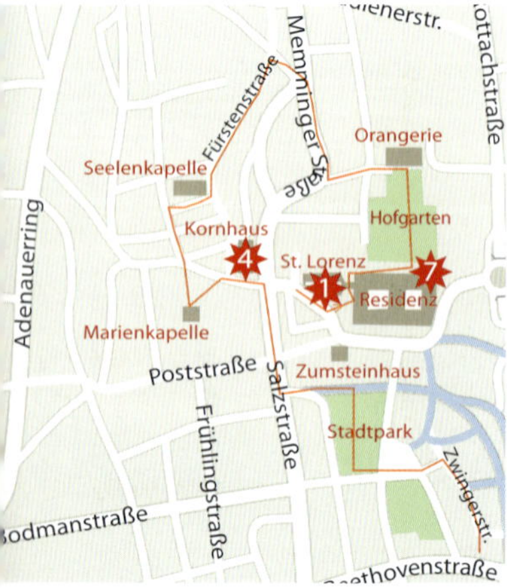

RUPERT VON BODMAN

Rupert von Bodman (1646-1728) war von 1678 bis 1728 Fürstabt im Fürststift Kempten. Er war der einzige Regent in der 1000-jährigen Geschichte des Stifts, der eine 50-jährige Amtszeit erlebte. Seine geschickte Finanzpolitik, durch die er die übernommenen Schulden abbauen und die Einkünfte des Stifts erheblich steigern konnte, begründete seinen Ruf als Wirtschaftsexperte. Er hatte eine entscheidende Rolle in der Geschichte des Fürstentums Liechtenstein, da die Herrschaften Vaduz und Schellenberg unter seiner Regie an das Haus Liechtenstein verkauft wurden.

Die einfachen Bediensteten, Handwerker und Gewerbetreibenden waren westlich und nördlich vom Kornhaus angesiedelt, in der **Sänger-, Herbst-, Weiher- und Lorenzstraße** in Häusern aus Holz, Fachwerk und geschindelten Dächern, oft mit großen Nutzgärten. Typisch für diesen Teil der Stiftsstadt sind die „Herbergen", die durch Aufteilung des Hauses auf mehrere Besitzer entstanden. Charakteristisch sind die Außentreppen als eigener Eingang (**Weiherstraße 5**).

BASILIKA ST. LORENZ

Eines der Kemptener Wahrzeichen ist die Basilika St. Lorenz. Die Kirche mit ihren zwei Türmen und der Kuppel beherrscht weithin sichtbar das Stadtbild. Die Kloster- und Pfarrkirche der einstigen Benediktinerabtei Kempten entstand als erster monumentaler Sakralbau in Deutschland nach dem Dreißigjährigen Krieg. 1802/03 fielen Stift und Reichsstadt Kempten an Bayern. Das Kloster wurde aufgehoben. Die Kirche ist seitdem nur noch katholische Pfarrkirche.

HAUPTSTADT KEMPTEN

1808 wurde das Königreich Bayern in 15 staatliche Kreise eingeteilt und Kempten wurde für ein Jahrzehnt Regierungssitz des Illerkreises. Damit war die Stadt wieder einmal Hauptstadt.
Der Illerkreis hatte stattliche Ausmaße und reichte zeitweise im Osten bis Schongau, im Norden bis vor die Tore Augsburgs, im Westen bis Lindau und im Süden über Dornbirn und Feldkirch bis Sonnenberg im Montafon. Er umfasste zunächst 21 größere Städte, zu denen auch Lindau und Memmingen gehörten. 1817 wurde der Illerkreis fast ganz dem Oberdonaukreis angegliedert. Ab diesem Zeitpunkt ist Kempten die Nummer Zwei in Schwaben hinter Augsburg. Die Grenzen und Strukturen, die damals eingerichtet wurden, gelten noch im 21. Jahrhundert. Doch auch wenn Kempten zum Regierungsbezirk Schwaben gehört, verstehen sich die Einwohner zunächst immer als etwas Besonderes, nämlich als Allgäuer.

Führung durch die Prunkräume der fürstäbtlichen Residenz

Der barocke Bau wurde ab 1652 errichtet. Baumeister Michael Beer plante die Klosterkirche als Chorrotunde mit darunterliegender Krypta, die Pfarrkirche als Langhaus und fügte beide Bauteile aneinander. 1654 wurde Beer von Johann Serro aus Graubünden abgelöst, der den Bau bis 1670 vollendete. 1700 wurden vier Rundkapellen an die Seitenschiffe angefügt. Die Türme wurden erst 1900 auf das heutige Maß vollendet.
Die reiche Stuckverzierung führte Giovanni Zucalli aus Roveredo aus. Die Fresken stammen von Andreas Asper aus Konstanz. Beachtenswert sind die Bildtafeln in Scagliola-Technik im Chorgestühl, geschaffen von der Vorarlberger Stuckatorin Barbara Hackl. Die Altäre sind über einen Zeitraum von 100 Jahren entstanden und zeigen die Entwicklung vom Barock bis zum Rokoko. Die Figur des Kreuz tragenden Christus unter der Kanzel wird der Werkstatt Jörg Lederers um 1525 zugeschrieben.
Die beiden Chororgeln in Rokokogehäusen entstanden um 1740. Die Hauptorgel ist von 1866 und wurde 1939 erweitert. Das Geläut in den 65 Meter hohen Türmen besteht aus sieben Glocken. 1969 erhob Papst Paul VI. die Hauptkirche des Allgäus in den Rang einer „Basilica Minor".

DIE RESIDENZ

Das 752 gegründete Benediktinerstift wurde im Dreißigjährigen Krieg zerstört. Die Klosteranlage in ihrer heutigen Form wurde von Fürstabt Roman Giel von Gielsberg (regierte von 1639 bis 1673) in Auftrag gegeben. Ebenfalls nach den Plänen von Michael Beer aus Vorarlberg (1651 bis 1654 tätig) und Johann Serro entstand die erste monumentale Klosteranlage Deutschlands.
1660 war die Kirche im Rohbau fertig, sechs Jahre später wurde sie geweiht. Der Konvent konnte 1674 den Neubau beziehen.
Die Ausstattung der Wohnräume des Fürstabts, die **Prunkräume** 7

Landhaus, Basilika St. Lorenz und Residenz

in der Residenz, erfolgte 1732 bis 1742 unter dem kunstsinnigen Anselm Reichlin von Meldegg (reg. von 1728 bis 1747). Vor- und Audienzzimmer, Tag- und Schlafzimmer sind im späten Régence-Stil gehalten, der Thronsaal führt bereits ins Rokoko. Kunsthistoriker zählen die Residenz zu den bedeutendsten profanen Bauten des Rokoko in Süddeutschland.
Residenz-Führungen sind täglich außer Montag und von November bis März nur samstags.
Nördlich der Residenz erstreckt sich auf zwei Ebenen der **Hofgarten**: Die Anlage mit ihrem reichen Blumenschmuck wird von vielen Hochzeitspaaren als Kulisse geschätzt. Hier entspannen Touristen, sonnen sich Kemptener in der Mittagspause oder zupfen Jugendliche auf der Gitarre. Die älteste Robinie Deutschlands ist die letzte lebende Zeitzeugin des stiftischen Hofgartens.
Vorbei an Mosaik-Becken und Springbrunnen erreichen wir die **Orangerie** und die ehemalige Prinz-Franz-Ka-

Robinie im Hofgarten mit Orangerie

ORANGERIE

Die Orangerie, im Hofgarten der Residenz gelegen, diente einst als Gewächshaus des Fürstabts. Nach der Säkularisation kaufte Postwirt Boda das Anwesen, heute gehört es der Stadt. Im barocken Bau ist die Stadtbücherei eingerichtet.

Blick in die Kuppel der Basilika St. Lorenz

serne. Ein großer Kinderspielplatz, eine Skateranlage und ein Allwetter-Bolzplatz sorgen hier für Freizeitvergnügen.

Entlang der **Memminger Straße** stehen stiftische Handwerkerhäuser. Der **Meckatzer Bräu-Engel** unterhalb der Fürstenschule bietet sich für eine Brotzeit an. Durch das **Entenmoos** erreichen wir den Kapellenplatz mit der **Seelenkapelle**, in der seit 2009 die russisch-orthodoxe Gemeinde ein Zuhause gefunden hat. In Sichtweite lädt das Allgäu-Museum zum Gang durch die Geschichte ein.

Hinter dem **Kornhaus** beginnt endgültig das enge Geflecht von Winkeln und Gassen der Stiftssiedlung. Gemälde und Verzierungen an den Häusern geben zusammen mit den Kemptener Täfele Zeugnis einer geschichtsträchtigen Vergangenheit.

Dazu zählt auch die ehemalige Stiftsdruckerei an der **Wartenseestraße**. Anstelle der Druckerei Kösel steht heute ein Wohnblock. Der **Kanalweg** gibt den Blick frei zur **Marienkapelle** mit dem Magmannshofer

Blausternblüte im Stadtpark. Im Hintergrund der frühere Musikpavillon, auch Monopterus genannt

Kemptener Täfele an der Kirche Eich

FRIEDENSPLATZ

An der nach dem Bürgermeister Adolf Horchler benannten Straße erstreckt sich der Friedensplatz. Zu einer Friedenslinde kam ein Denkmal für die zivilen Opfer aller Kriege. Gestaltet wurde das Mahnmal von Schülern der Robert-Schuman-Schule. Der Landesverband der israelitischen Kultusgemeinden stellte 1995 einen Gedenkstein für die Opfer des Kemptener Holocaust auf. 1996 pflanzte die Stadt eine Ölweide als Symbol der Verbundenheit mit der Stadt Jerusalem. Es gibt alljährlich am 27. Januar einen Holocaust-Gedenktag.

TÄFELE

Der langjährige Kemptener Oberbürgermeister Dr. Otto Merkt gilt als Vater der Kemptener Täfele. Dabei handelt es sich um Steintafeln an Häusern, auf denen historische Begebenheiten festgehalten sind.

Altar und die so genannte **Huber-Villa**. Nebenan steht das **Haus International** als Zentrum verschiedener Nationalitäten und Kulturen.

An der **Wittelsbacher- und Realschule** vorbei sehen Sie den Flora-Tempel mit einem schmiedeeisernen Gitter und Brunnen. Hier beginnt der Stadtpark mit vielen Buchen und Kastanien. Am Friedensplatz mit seinem Denkmal für die Opfer aller Kriege steht ein **Erinnerungsstein** an jüdische Mitbürger. Zum Stadtpark gehören auch ein Musikpavillon und das Zumsteintor. Neben einem Mosaikbecken serviert das **Residenzcafé** frischen Baumkuchen und andere Leckereien.

Über die **Königstraße** und den **Albert-Wehr-Platz** kommen wir an die Grenze zur ehemaligen Reichsstadt. Zwischen **Linggstraße** und **Zwingerstraße** trennte einst eine 10 Meter hohe Stadtmauer die beiden Kempten. Mauerreste sind beispielsweise beim **Kolpinghaus** und beim **Parktheater** zu sehen.

Jüdischer Friedhof

JÜDISCHER FRIEDHOF

In Kempten gibt es einen jüdischen Friedhof am Gottesackerweg. Hier wird das Erbe der jüdischen Gemeinde (rund 100 Familien) gepflegt. Die letzte Beerdigung fand hier 2008 statt.

Pavillon „Flora-Tempel" im Stadtpark und Reste der Stadtmauer in der Zwingerstraße

MUSEEN IN KEMPTEN

Die Kemptener Museumsmeile führt durch 2000 Jahre Stadtgeschichte. Beginnen Sie bei den Römern im Archäologischen Park Cambodunum auf dem Lindenberg. Über die Illerbrücke gehen Sie auf die Burghalde mit dem Allgäuer Burgenmuseum. Von dort geht es über den Freudenberg und Stadtpark zum Zumsteinhaus mit seinen römischen Exponaten und einer naturkundlichen Sammlung, die tiefe Einblicke in die Entstehung des Allgäus gibt.

Gegenüber liegt die Residenz mit ihren Prunkräumen. Von dort aus sind es nur wenige Schritte zum Marstall mit seinem Alpinmuseum und der alpenländischen Galerie. Den Abschluss bilden die Kunsthalle in der Stiftsmälzerei und das Allgäu-Museum im Kornhaus.

Öffentliche Führungen (kostenlos) finden regelmäßig statt im Alpinmuseum (März bis November) jeden Samstag, 14.00 Uhr; im Archäologischen Park Cambodunum (März bis Dezember) jeden Sonntag, 11.00 Uhr und im Allgäu-Museum (ganzjährig) jeden Sonntag, 14.00 Uhr.

www.museumsmeile-kempten.de

ALLGÄU-MUSEUM 4

Lernen Sie Land und Leute kennen und machen Sie eine Zeitreise auf sechs Etagen. Erleben Sie pionierhafte und glanzvolle Epochen im Allgäu und lassen Sie sich entführen in die Welt von Bauern, Bürgern und Fürstäbten.

Das Allgäu-Museum im Kornhaus präsentiert eindrucksvoll hör-, sicht- und fühlbare Eigenheiten der Menschen und ihrer Geschichte. Das Museum bietet für Kinder und Jugendliche einen eigenen Kinderpfad: Öffnen Sie die Schubladen einer hölzernen Kuh, machen Sie ein Kunstpuzzle, finden Sie Allgäuer Redensarten und einen Goldschatz aus dem 17. Jahrhundert.

RÖMISCHES MUSEUM

Die 2000-jährige Geschichte Cambodunums wird im Zumsteinhaus lebendig. Funde aus dem Alltagsleben, Schmuck, Münzen, Kunsthandwerk und Götterbilder wurden in mehr als 125 Jahren archäologischer Untersuchungen ans Licht der Öffentlichkeit gebracht. Das Naturkundemuseum bietet darüberhinaus einen Blick in die Allgäuer Erdgeschichte.

ALPENLÄNDISCHE GALERIE

Erlesene Bildwerke, Tafelbilder und Flügelaltäre werden in der Alpenländischen Galerie im Marstallgebäude präsentiert. Rund 130 Exponate in goldener Malerei und hervorragender Bildschnitzerei der Gotik bis zur Frührenaissance stammen aus dem alpenländischen Raum zwischen Westschweiz und Steiermark, Ulm und Südtirol sowie aus dem Allgäu.

ALLGÄUER BURGENMUSEUM

Das Allgäuer Burgenmuseum entführt Sie zurück ins Mittelalter. Setzen Sie sich an eine Rittertafel, ziehen Sie sich ein Kettenhemd an oder fühlen Sie sich wie ein Burgfräulein. Auf der Burghalde können Besucher viele der ausgestellten Gegenstände selbst ausprobieren.

ALPINMUSEUM

Der Marstall bietet auch markante Stationen des Bergsteigens. Die Palette im Alpinmuseum reicht von Fridtjof Nansen bis zu Alexander und Thomas Huber. In der Skisammlung sind Wintersportgeräte aus allen Epochen ausgestellt: Vom Gleitholz bis zum Carvingski.

KRIMI

Kommissar Kluftinger zählt seit Jahren zu den beliebtesten Ermittlern in Deutschland. Die Hauptfigur aus der Krimi-Reihe ermittelt in der Allgäu-Metropole als Hauptkommissar der Kripo Kempten.
Die Bücher der beiden Allgäuer Autoren Michael Kobr und Volker Klüpfel locken immer mehr Menschen an die „Tatorte“ zwischen Altusried und Füssen. Erleben Sie im Rahmen einer Krimi-Führung die Kemptener Schauplätze aus den Büchern Milchgeld, Erntedank, Seegrund, Laienspiel und Rauhnacht.
Die Führung startet an der Residenz und geht über den Königsplatz zum Parktheater und weiter an die Freitreppe. Das Schuhgeschäft „Onkel Hannes“ mit seiner Rutsche liegt ebenso auf dem Weg wie das Kaufhaus Galeria Kaufhof, der fürstäbtliche Hofgarten und die Basilika St. Lorenz. Vor dem Haus mit dem „Tanzzentrum Allgäu“ in der Prälat-Götz-Straße und dem Sushi-Haus in der Memmingerstraße werden die passenden Textpassagen gelesen. Für reichlich Unterhaltung ist damit garantiert gesorgt.
Die Krimi-Führung endet in der Brauereigaststätte „Zum Stift“ oder im benachbarten „Haus Hochland“ mit einem stilechten Kässpatzenessen. Haferlschuhe, wie sie Kommissar Kluftinger trägt, sind bei den Gästen erwünscht, aber nicht zwingend vorgeschrieben.
Die zweistündige Führung gibt es nach Voranmeldung (Tel. 0831-2525-522) jeden 1. Freitag eines Monats (Mai bis Oktober) ab 16.00 Uhr am Eingang des Fürstensaals.
www.kempten.de

Autoren und Hauptdarsteller zum TV-Allgäu-Krimi Erntedank tragen sich ins Goldene Buch der Stadt ein: Michael Kobr, Herbert Knaup, Volker Klüpfel und Sibylle Canonica

FRAUEN RITTER HEXEN

Die Tourist Info Kempten bietet eine Reihe von Stadtführungen zu bestimmten Themen an. Dazu zählt ein Rundgang, der die weibliche Perspektive in der Geschichte der Stadt Kempten ins Zentrum rückt.
Eine wahre Zeitreise durch die Geschichte der Stadt Kempten bietet die neue Erlebnis-Stadtführung: „Ritter-Fürstabt-Hexe".
Sehen Sie, wie Ritter Heinrich der Kempter mutig seinen Kaiser verteidigt. Hören Sie, wie sich 600 Jahre später die Reichsstadt Kempten mit Gordian Seuter ihre Unabhängigkeit vom katholischen Kloster „erkauft" und treffen Sie weitere 250 Jahre später die „letzte Hexe" Maria Anna Schwägelin auf ihrem Weg ins Gefängnis. Hier wird Allgäuer Geschichte lebendig erzählt.
www.kempten.de

DIE LETZTE HEXE

Im letzten deutschen Hexenprozess stand 1775 die Unterallgäuer Dienstmagd Maria Anna Schwägelin (1734-81) vor Gericht. Sie wurde als letzte „Hexe" in Deutschland zum Tode verurteilt. Das Urteil wurde aber nie vollstreckt. Die Angeklagte starb 1781 im stiftkemptischen Gefängnis an der Weiherstraße.
Der Fall der Maria Anna Schwägelin galt lange Zeit als letzte Hinrichtung einer angeblichen Hexe auf dem Gebiet des Heiligen Römischen Reiches.
Erst 1995 fand der Kemptener Historiker Dr. Wolfgang Petz in den Kirchenbüchern von St. Lorenz den Nachweis, dass die Hinrichtung unterblieben war. An der Ostseite des Residenzplatzes wurde ein Brunnen zum Gedenken an Maria Anna Schwägelin benannt.

BUCHTIPP
Wolfgang Petz: Die letzte Hexe: Das Schicksal der Anna Maria Schwägelin, Campus Verlag, 2007.

Erlebnis-Stadtführung auf dem Residenzplatz mit Maria Anna Schwägelin

BRUNNEN

Wussten Sie, dass Kempten mehr als 50 Brunnen hat? Auf beinahe jedem Platz der Stadt fließt frisches Wasser. Für viele Kemptener bedeuten die Brunnen Geschichte, Geheimnis oder einfach nur Schwätzplatz. Brunnen laden zum Entspannen ein. An heißen Tagen tummeln sich viele Kinder ums kühle Nass und so manch ein Filius kehrt mit triefenden Hosen zu seinen Eltern zurück.

Einst zog sich ein verzweigtes Bachsystem durch die Stadt, das viele Bürger heute noch als „Schlangenbach" kennen. Doch davon ist nichts mehr sichtbar.

Sie beginnen Ihren Spaziergang am gusseisernen Brunnen in der **Herbststraße**, gleich neben einer Büste von Pfarrer Sebastian Kneipp. Von dort führt Sie der Weg zum **Kornhaus** mit seinem Wasservor-

St. Mang-Brunnen

Kornhaus-Brunnen

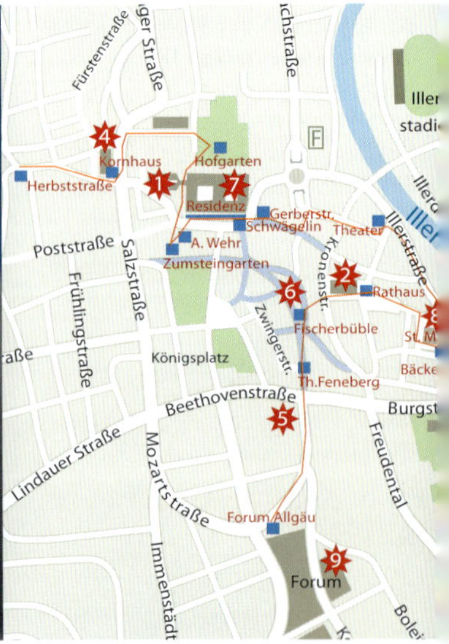

hang. Eigentlich soll dieser den Autolärm von der Salzstraße abhalten, doch die Kemptener spotten längst über diese moderne Form. Am Marstall vorbei erreichen Sie den **Hofgarten**, in dessen Mitte ein Mosaikbecken mit Kemptener Motiven liegt. Zur **Orangerie** hin sprudeln zudem Springbrunnnen.
Durch einen Torbogen an der Basilika St. Lorenz erreichen Sie das **Zumsteinhaus**. Zwischen Magnolienbäumen plätschert der Albert-Wehr-Brunnen vor sich hin. Hinter dem Zumstein-Tor erinnert ein Mosaikbecken an die römische Vergangenheit der Stadt.
Zurück an der Südseite der **Residenz** schauen Sie den Wasserspielen im **Residenzbrunnen** zu. Von dort läuft Wasser in eine Rinne, die an den einstigen Schlangenbach erinnert. Sie wird im Sommer gerne von Kindern zum Plantschen genutzt. Am Ende der Rinne steht der **Maria-Anna-Schwägelin-Brunnen**. Auf der anderen Straßenseite wurde 2010 anstelle eines Treppenbrunnens ein **Mühlrad** mit Mühlbach in die Gerberstraße gebaut.
Durch die Altstadt führt der Weg zum **Theater**, wo es stündlich aus einer Wolke regnet. Entlang der Illerstraße kommen Sie durch das Ankertörle in die **Bäckerstraße**, wo ein weiterer gusseiserner Brunnen aus dem 19. Jahrhundert steht.

Brunnen in der Bäckerstraße

Zu den schönsten Brunnen der Stadt gehört sicherlich der **St. Mang-Brunnen** mit der Figur des heiligen Magnus von Prof. Georg Wrba. Auf die Tierfiguren wie das Einhorn kletterten schon viele junge Kemptener. Der wohl schönste und älteste Brunnen steht an der Ostseite des **Rathauses**. Auf ihm sitzt die Figur eines römischen Hauptmanns. Von der **Freitreppe** mit einem kleinen Wasserbecken biegen Sie in die Fischersteige ein. Beim Eiscafé Venezia steht der **Fischerbüble-Brunnen**.
Weiter oben in der Fußgänerzone machen Familien gerne einen Halt am **August-Fischer-Brunnen**.
Den Schlusspunkt Ihres Spaziergangs bildet der Springbrunnen vor dem **Forum Allgäu**, den Sie vom **Café Deli Cal** aus genießen können.

Becken an der Zumsteinwiese

KINDERSTADTFÜHRUNG

Kempten ist eine kinderfreundliche Stadt und deshalb wird auch eine Kinderführung durch die Stadt angeboten. Am Rathaus startet der Nachwuchs auf Entdeckungsreise - mit oder ohne Eltern, Omas, Opas. Oft ist es viel interessanter, alleine am St. Mang-Brunnen das Einhorn zu bestaunen, die „komische" Uhr am Rathaus zu erkunden oder eventuell sogar im Kostüm eines Cambodunum-Römers selbstbewusst die Passanten zu grüßen. Hier kann man spannende Geschichten hören, wie es früher einmal war: Über die Stadt und die Menschen in Kempten. Enge Gassen führen bis auf die Burghalde. Durch die Kronenstraße geht es zum Hofgarten mit der Orangerie.
In der Tourist Info liegt ein eigener Kinderstadtplan auf.

FÜHRUNG FÜR MENSCHEN MIT BEHINDERUNG

Im Rahmen der Stadtführungen bietet die Stadt Kempten auch spezielle Angebote für Sehbehinderte, Hörbehinderte sowie Gehbehinderte und Rollstuhlfahrer.
Der Stadtrat hat in Zusammenarbeit mit dem Behindertenbeirat daran gearbeitet, dass Menschen mit Behinderung die Stadt barrierefrei erleben können. Sehbehinderte können mit ausgewählten Sehenswürdigkeiten auf Tuchfühlung gehen. Vom St. Mang-Brunnen gehen Sie in die St. Mang-Kirche, wo Sie das Chorgestühl und das Kirchen-Relief anfassen dürfen. Über Rathausplatz und Stadtpark geht es zur Basilika St. Lorenz, mit Chorgestühl und Kirchenmodell.

Bonanza-Pferd

BONANZA-PFERD

Wann sind Sie das letzte Mal auf einem Pferd gesessen? Viele Kemptener kommentieren diese Frage mit einem breiten Grinsen und dem Hinweis auf Bonanza. Damit ist aber nicht die Fernsehserie aus den 1960er Jahren gemeint, sondern das Pferd in der Klostersteige. Das Modehaus Wagner (heute Reischmann) stellte „Bonanza" vor rund 50 Jahren auf und seitdem gehört das galoppierende Unikum zum Stadtbild (Preis 10 Cent). Jeder Versuch, das Spielgerät heimlich in der Versenkung verschwinden zu lassen, wurde von Protesten (nicht nur) der Kinder begleitet. Sie brauchen auch heute noch ihr „Bonanza".

AM ABEND

Erleben Sie die ehemalige Stifts- und Reichsstadt Kempten am Abend. Setzen Sie sich erst einmal auf den Rathausplatz, trinken gemütlich ein frisches Teutsch Pils und genießen die Abendstimmung. Anschließend bummeln Sie über die Klostersteige zur beleuchteten Residenz und verfolgen die Wasserspiele. Von dort aus führt die Runde durch den Stadtpark zum Zentralhaus. Vom Skyline aus können Sie viele beleuchtete Wahrzeichen der Stadt ausmachen: Burghalde, Rathaus, Archäologischer Park Cambodunum, St. Mang-Kirche, Ponickau-Haus, St. Lorenz.
In der Adventszeit ist die Innenstadt noch stimmungsvoller beleuchtet. Das City-Management spannt dazu stilvolle Lichtbögen über die Fußgängerzone und taucht die winterlich verschneite Stadt in ein magisches Licht. Zusammen mit den Lichterketten an vielen Gebäuden und den Weihnachtsbäumen kommt hier beim Bummel durch die Stadt eine ganz besondere Stimmung auf.
www.kempten.de

Rathausplatz am Abend

ABTAUCHEN

Der angesagteste Club der Stadt ist seit Jahren das **Parktheater**. Eine gute Ergänzung der Szene bildet das **Ferggies** beim Forum Allgäu. Zu den etablierten Discotheken in der Allgäu-Metropole gehören das **Drop In** bei der Basilika St. Lorenz und das **Pegasus** in der Heinrichgasse (S. 37).

Brunnen vor der Residenz

HEILIGKREUZ-TOUR

Leihen Sie sich ein Elektrofahrrad im Hotel am Forum oder im Hotel Waldhorn und erkunden Sie die Stadt auf ihren Radwegen. Sie starten am **Rathaus** und fahren entlang der Iller bis nach Zollhaus. Hier biegen Sie nach Neuhausen ab und erreichen das ehemalige Kloster **Heiligkreuz**.

Dort gab es 1691 ein „Blutwunder“ mit anschließender Errichtung eines Kreuzes zu Beginn der Wallfahrt „Zum heiligen Kreuz“. 1738 entstand ein selbstständiges Franziskaner-Kloster. 1786 wurde die Kirche eingeweiht. Nach der Auflösung des Klosters 1803/05 gehörte Heiligkreuz zur Pfarrei St. Lorenz. 1818 wurde die Gemeinde Sankt Lorenz gebildet, die von Heiligkreuz über den Mariaberg bis in die Eich reichte. 1972 folgte die Eingemeindung nach Kempten.

Von der Wallfahrtskirche aus führt Ihr Weg auf den **Mariaberg** zur Mulzer Föhre und einem unvergesslichen Alpenpanorama. Zurück an der Mariabergkapelle machen Sie eine kurze Rast und radeln auf dem Pulvermühlweg zum **Stadtweiher**.

Über den ehemaligen Bahndamm der Strecke Kempten-Isny erreichen Sie die **Dreifaltigkeitskapelle** in Steufzgen. Anschließend machen Sie Brotzeit im Gasthaus Waldhorn, ehe Ihre Tour Richtung **Eich** weitergeht. Am Edelweiss-Milchwerk vorbei gelangen Sie zur Kirche Eich, die vom jüdischen Architekten Andor Àkos geplant wurde.

Am Eicher Kindergarten vorbei steuern Sie auf die **Iller** zu. Auf der Terrasse der Alten Bleiche der Spinnerei und Weberei Kottern machen Sie wieder Rast und fahren auf dem Illerradweg zurück zum Rathaus.

Mariaberg

Wallfahrtskirche Heiligkreuz

SANKT MANG-TOUR

Die zweite Radtour startet wieder am **Rathaus** und führt über den Illersteg zur Keckkapelle. Sie genießen den Blick auf die Stadt und die Berge. Entlang der Kaufbeurer Straße fahren Sie nach **Ursulasried** und weiter nach **Leubas**, wo 1525 eine große Schlacht des Bauernkrieges stattfand. Auf der Verbindungsstraße von Leubas nach Leupolz fahren Sie durch grüne Wiesen. Am Golfplatz entlang erreichen Sie **Lenzfried**. Als die bayerische Regierung 1818 aus vier Dörfern, 23 Weilern und 29 Einöden die Gemeinde Sankt Mang rechts der Iller bildete, war Lenzfried das politische und geistliche Zentrum. Der Norden war ländlich strukturiert, im Süden lag rund um die Fabriken das Arbeiterviertel.

Der eigentliche Ort Sankt Mang entstand erst 1963 durch den Zusammenschluss von Schelldorf, Kottern und Neudorf. 1972 kam die Gemeinde zu Kempten.

Von Lenzfried aus radeln Sie zur **Ludwigshöhe** und weiter zum Rotschlößle, einem ehemaligen Patriziersitz, in dem eine Bücherei eingerichtet ist. An der **Magnusstraße** liegt die evangelische Christuskirche mit den Reformatoren Zwingli und Luther an der Kanzel. In Sichtweite läuten die Glocken der katholischen Himmelfahrtskirche.

Auf dem Kotterner Dorfplatz setzen Sie sich in ein Café und blicken auf den Schlot der Spinnerei und Weberei. Über die **Ludwigstraße** fahren Sie zur **Illerbrücke** mit dem König-Ludwig-Denkmal und am neuen Illerkraftwerk vorbei zum Rathaus.

TEXTILGESCHICHTE

Die Textilindustrie entlang der Iller brachte dem Allgäu um 1845 einen wirtschaftlichen Aufschwung. Fast 150 Jahre lang ratterten die Maschinen. Die Spinnereien und Webereien in Kottern und Kempten sowie Denzler in Neudorf waren die größten Arbeitgeber. Der internationale Wettbewerb zwang die Betriebe in die Knie. 1991 gab die Denzler AG ihre Produktion auf, ein Jahr später folgte die Spinnerei und Weberei Kempten und Ende 1992 schloss die Weberei in Kottern.

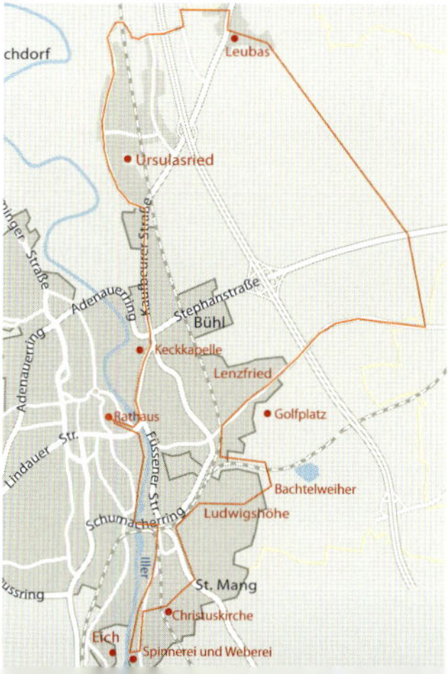

König-Ludwig-Denkmal

WOHIN IM ALLGÄU

KEMPTEN MITTENDRIN

Kempten ist die Metropole des Allgäus und liegt zentral in der Urlaubsregion. Die Nachbarländer Österreich und Schweiz sind innerhalb einer guten Autostunde erreichbar, ebenso die Landeshauptstadt München.
Für Ausflüge in die Region hat Kempten eine ideale Lage. Im näheren Umkreis (20 bis 60 km) befinden sich z. B. Oberstdorf und die Gipfel der Allgäuer Alpen, der Bodensee mit Lindau und der Insel Mainau, die Burgenregion Ostallgäu oder die Kneippregion Unterallgäu mit der Basilika Ottobeuren und dem Illerwinkel. Durch das Allgäu führen die Romantische Straße und die Oberschwäbische Barockstraße, an deren Strecke bekannte Sehenswürdigkeiten wie die Wieskirche zu finden sind.

Zur Burgenregion Ostallgäu zählen die Königsschlösser **Neuschwanstein** und **Hohenschwangau**. Eine Fahrt mit der Außerfernbahn von Kempten über Pfronten nach Garmisch-Partenkirchen ist ein Erlebnis.

LIFTE UM KEMPTEN

Rund um Kempten gibt es eine Reihe von Skiliften, die besonders für Familien geeignet sind. Dabei gilt Eschach als eines der schneesichersten Gebiete. Vier Lifte und ein Funpark sorgen dort für Abwechslung. In Buchenberg, Wengen und Weitnau kann man dem Winterspaß ebenso frönen wie in Sulzberg oder Oy-Mittelberg.

Stets sind die Allgäuer Hochalpen mit ihrer fantastischen Bergkulisse schier zum Greifen nahe. Fahren Sie mit der höchsten Bergbahn der Region aufs **Nebelhorn** und genießen Sie 400 Gipfel auf einen Blick.
Und für Gesundheitsbewusste bieten zahlreiche Kurorte wie **Bad Wörishofen** (Pfarrer Kneipp) und Heilbäder wie **Bad Buchau, Bad Waldsee, Bad Schussenried, Bad Saulgau und Bad Wurzach** ein umfangreiches Angebot.
Das Allgäu zeigt sich das ganze Jahr von seiner sonnigsten Seite. Meteorologen haben festgestellt, dass im Allgäu die Sonne so oft scheint wie sonst nirgendwo in Deutschland.

BERGBAUERNMUSEUM

Allgäu pur mit ganz neuen Einsichten und vor allem Aussichten bietet das Bergbauernmuseum in **Diepolz**. Hier wird auf große Effekte oder Computerterminals verzichtet. Das Leben mit Tieren, der Natur und den Jahreszeiten ist für die ganze Familie spannend und aufregend zugleich. Kaufen und genießen Sie ein Stück Bergkäse.
www.bergbauernmuseum.de

Öschlesee

BADESEEN

Im Allgäu gibt es eine Vielzahl von Seen und Weihern, die zum Baden einladen. Zu den beliebtesten Zielen im Umfeld von Kempten zählt der **Öschlesee** bei Sulzberg mit dem Seebad. Baden, Surfen und Segeln ermöglichen **Rottachsee** und **Niedersonthofener See**, von den Allgäuern kurz „Niso" genannt. Der **Herrenwieser Weiher** bei Ahegg, der **Eschacher Weiher** und der **Notzenweiher** bei Betzigau sind kleine Weiher in ursprünglicher Natur.

KEMPTENER WALD

Der Kemptener Wald ist ein beliebtes Wanderrevier. Über Durach fahren Sie zum Gasthaus Tobias. Ein Wanderweg führt Sie in 30 Minuten zum Dengelstein. Er ist ein geologisches Naturdenkmal und gilt als vorgeschichtliche Kultstätte. Ein Künstler hat eine Eisenpfahlumrandung angebracht. Nach der Wanderung serviert der Tobias-Wirt z. B. Kässpatzen.

BRÜCKE FISCHERS

Die Hängebrücke über die Iller zwischen Fischers und Pfosen verbindet die Gemeinden Dietmannsried und Altusried. Sie ist zwar nur 1,5 Meter breit, aber über 84 Meter lang und Teil des Oberallgäuer Rundwanderwegs. Auch der Jakobus-Pilgerweg nutzt die neue Hängebrücke, um die Iller zu überqueren.
www.altusried.de

BURGENREGION

Das Allgäu ist weltweit bekannt für seine Märchenschlösser **Neuschwanstein und Hohenschwangau**. Doch die Burgenregion umfasst insgesamt 300 Burgplätze und Stadtbefestigungen im bayerischen Allgäu und in Mittelschwaben.

Neben den beiden Königsschlössern sind die beiden großen Burgruinen **Hohenfreyberg und Eisenberg** bei Pfronten gern besuchte Ausflugsziele. Ins Träumen kommt man auch auf dem **Falkenstein**, wo Ludwig II. ein weiteres Schloss planen ließ.

Besuchen Sie die Burgen in **Bad Grönenbach, Kronburg, Mindelheim,** (alle Unterallgäu), **Hopferau, Weizern und Füssen** (Ostallgäu).

Um die Burg **Ehrenberg** bei Reutte entwickelte sich gar eine „Burgenwelt", die auch die frühneuzeitlichen Festungsanlagen Schlosskopf und Fort Claudia über der mittelalterlichen Veste mit einbezieht.

Zu den schönsten Burgplätzen im Allgäu gehören die **Burghalde** in Kempten, die **Alttrauchburg** bei Wengen und die Burgruine **Sulzberg**.

www.burgenregion.de

Hohenfreyberg

Neuschwanstein

CARL-HIRNBEIN-WEG

Der Carl-Hirnbein-Weg, der die beiden Oberallgäuer Orte Weitnau und Missen-Wilhams verbindet, erzählt die Geschichte des Allgäuer Unternehmers und „Notwenders" Carl Hirnbein (1807 – 1871), der um 1840 die Weichkäserei und damit den wirtschaftlichen Aufschwung ins Allgäu brachte. Der „Alpkönig" gab den Anstoß zum Strukturwandel im Allgäu vom nicht mehr rentablen Flachsanbau („Blaues Allgäu") zur florierenden Milchwirtschaft.
Der Carl-Hirnbein-Weg ist in Sachen Unterhaltungswert, Spaßfaktor und Wissensvermittlung für Familien beispielhaft. Auf dem 6,7 Kilometer langen Weg auf geschichtlicher Trasse erfahren Sie alles über das Leben des „Alpkönigs", die Käseherstellung und die Alpwirtschaft. Grundsätzlich kann der Weg mit seinen 68 Stationen in beiden Richtungen begangen werden. Besonders interessant ist der rund zehn Meter hohe Aussichtsturm auf dem Hauchenberg-Gipfel.

www.missen-wilhams.de
www.weitnau.de

BIER-KÄSE-WEG

Der Kössel-Bräu in Speiden und die Sennerei Lehern haben den „Allgäuer Bier-Käse-Wanderweg" ins Leben gerufen. Der fünf Kilometer lange Wanderweg bietet tolle Ausblicke auf die Ostallgäuer Berge und an fünf Stationen gibt es Wissenswertes rund ums Bier. Freuen Sie sich anschließend auf ein frisches Bier im Mariahilfer Sudhaus mit Käsebrotzeit.

www.koessel-braeu.de

VIEHSCHEID

Wenn im September rund 30.000 Rinder von den saftigen Bergweiden der Allgäuer Alpen ins Tal zurückkehren, werden sie von mindestens doppelt so vielen Menschen freudig erwartet. Das sind einmal die Landwirte, die ihr Jungvieh den Sommer über einer Alpgenossenschaft anvertraut haben und die Tiere nun wieder in ihren Stall bringen. Der weitaus überwiegende Teil aber sind Gäste, die den traditionellen Allgäuer Viehscheid mit den Bauern als großes Volksfest feiern.
Im Allgäu gibt es über 20 Viehscheide zwischen Balderschwang und Haldenwang, zwischen Buching und Maierhöfen.

www.allgaeuseiten.de

RIVIERA DES ALLGÄUS

Der Hopfensee wird im Volksmund gerne die Riviera des Allgäus genannt. Als einer der wärmsten Voralpenseen ist der Hopfensee ein beliebtes Freizeitparadies, das besonders Familien mit Kindern schätzen. Der Kneipp- und Luftkurort Hopfen bietet ein südländisches Flair vor einem einzigartigen Alpenpanorama und im Wasser spiegelt sich das Königsschloss Neuschwanstein.
Genießen Sie den Tag im Strandbad oder auf Tret-, Ruder- und Segelbooten. Aber passen Sie auf, der Hopfensee ist ein beliebtes Revier bei Surfern und Anglern.
Tipp im Strandbad: Familie Hella serviert panierten Alaskaseelachs mit Pommes.

www.fuessen-hopfen.de

Blick vom Grünten ins Oberallgäu

GRÜNTEN

Zu den beliebtesten Wanderzielen im Allgäu zählt der Grünten. Der Berg mit seiner markanten Fernsehantenne wird auch als „Wächter des Allgäus" bezeichnet. Wanderungen zum Grünten-Denkmal für gefallene Gebirgsjäger sind von Burgberg, Rettenberg und Rettenberg-Kranzegg aus zu jeder Tages- und Jahreszeit ein Erlebnis. Der Grünten ist auch ein Symbol für den Bergbau im Allgäu. Besuchen Sie die **Erzgruben-Erlebniswelt**, die vom 1. Mai bis 31. Oktober täglich geöffnet hat. Im Museumsdorf tauchen Sie in den Allgäuer Eisenerz-Bergbau vom 14. bis zum 19. Jahrhundert ein. An Aktionstagen wird in der orginalgetreu aufgebauten Schauschmiede tatsächlich geschmiedet. In einem Kohlemeiler wird Holzkohle hergestellt. Und als Höhepunkt betreten Sie die unterirdische Welt der Knappen. Machen Sie als „Bergmann" eine zweistündige Wanderung zum „Andreas-Tagebau" sowie zu den beiden Erzgruben „**Theresiengrube**" und „**Annagrube**".
www.erzgruben.de

Eine Allgäuer Volksweisheit besagt: „Trägt der Grünten einen Hut, wird das Wetter morgen gut. Trägt der Grünten einen Degen, gibt es andern Morgens Regen."

Erzgruben im Grünten

KLETTERTRAINING

Bayerns größter Hochseilgarten liegt am Alpsee, der **Kletterwald Bärenfalle**. Die Bandbreite reicht von einfachen Kletterelementen in Bodennähe bis hin zu waghalsigen Sprüngen in 15 Meter Höhe. Fahren Sie mit der Sesselbahn zur Bärenfalle, erleben Sie das Abenteuer Kletterwald, kehren Sie in der Berghütte ein und zum Schluss folgt eine Rodelfahrt zurück ins Tal.
Der **Kletterwald Grüntensee** ist ein echter Insider-Tipp. Er liegt direkt am Badeplatz Grüntensee und ist speziell auf die Bedürfnisse von Familien abgestimmt. Eine ideale Kombination aus leicht zu begehenden und anspruchsvollen Elementen.
www.tiefblick.de

LÄDINE

Die Lädine Santa Maria Loreto ist auf dem Großen Alpsee bei Immenstadt unterwegs und bietet Piratenfahrten für die Kleinen oder einstündige Rundfahrten für die großen Gäste. Abfahrt in Bühl am Alpsee.
www.immenstadt.de

Lädine auf dem Alpsee

HELLENGERST

Ob Sie Urlaub machen, Golf spielen oder tagen: Genießen Sie im Hanusel Hof in Hellenergst die sprichwörtliche Allgäuer Gemütlichkeit. Zu jeder Jahreszeit darf man sich dort oben an allem erfreuen, was die Natur zu bieten hat. Familie Rainalter hat auf dem 1741 begründeten Gehöft eine 18-Loch-Anlage und ein 4-Sterne-Superior-Hotel gebaut.
www.hanuselhof.de

Golfplatz Hellengerst

BODENSEE

Der Bodensee bietet eine Vielzahl von Sehenswürdigkeiten, Kulturdenkmälern und Ausflugszielen, die Lust auf eine Tagestour machen. Neben der internationalen Schifffahrt mit Kursverkehr und Sonderfahrten zwischen Deutschland, Österreich und der Schweiz gehören einige „Klassiker“ zu den Tipps für die ganze Familie.
Besuchen Sie die Insel Mainau oder steigen Sie in einen Erlebnis-Bus. Er verbindet von Anfang Juni bis Anfang Oktober Unteruhldingen (Pfahlbauten und Hafen) mit dem Affenberg und Schloss Salem.
www.erlebnisbus.de

Zu den ausgewählten Naturschutzgebieten zählen der Federsee, Bad Buchau, das Wollmatinger Ried bei Konstanz und das Eriskircher Ried.
Technik-Erlebnisse bieten das Technorama in Winterthur (CH) oder das Rolls-Royce-Museum Dornbirn (A). Die Klöster Reichenau und St. Gallen zählen zu den bauhistorischen Höhepunkten am See.
www.bodensee.de

Hafen Lindau

SPIELBANK LINDAU

Das Allgäu bietet zwei Spielbanken, eine im Kleinwalsertal und eine in Lindau, die zu den neun Casinos im Freistaat zählt. Zu Poker, Roulette oder Black Jack ist gepflegte Kleidung erwünscht. Das Mindesteintrittsalter beträgt 21 Jahre. Im Restaurant „MAX“ gibt es auf der Seeterrasse feinste Schmankerl und einen fantastischen Blick.
www.spielbanken-bayern.de

Bodensee bei Lindau

UNTER-/ OSTALLGÄU

Unter- und Ostallgäu bieten eine Reihe von Ausflugszielen, die von Kempten aus gut zu erreichen sind.

In **Obergünzburg** liegt eine der interessantesten Südseesammlungen Deutschlands. Auf dem Weg nach Ronsberg kommen Sie zur Teufelsküche, einem imposanten Geotop mit mächtigen Felsen, das auch für die Kluftinger-Verfilmung Erntedank als Kulisse diente.
www.suedseesammlung.de
www.allgaeu-ausfluege.de

Das Benediktiner-Kloster **Ottobeuren** mit seiner Bibliothek zählt zu den großartigsten Anlagen in Süddeutschland. Die Basilika-Konzerte werden von Größen wie Kent Nagano dirigiert.
www.abtei-ottobeuren.de

Bei Memmingen liegt die **Kartause Buxheim**. Sie gilt als die am besten erhaltene Kartausenanlage Deutschlands mit hochbarockem Chorgestühl.
www.kartause-buxheim.de

Chorgestühl in der Kartause Buxheim

Das **Schwäbische Bauernhofmuseum Illerbeuren** ist mit seinen 30 Gebäuden aus vier Jahrhunderten ein Ziel für Jung und Alt. Ideal für Familien.
www.bauernhofmuseum.de

Bekannt ist das Unterallgäu vor allem durch seinen Pfarrer Sebastian Kneipp, der von **Bad Wörishofen** aus weit über die Region hinaus wirkte. Besuchen Sie auch die Therme und den Skyline-Park.
www.bad-woerishofen.de

Bibliothek im Kloster Ottobeuren

OBERSTDORF

Das Zweiländer-Skigebiet Fellhorn/ Kanzelwand ist Deutschlands größte Skiarena mit mehr als 20 km hervorragend präparierten und größtenteils beschneiten Abfahrten. Zu den weiteren Highlights zählen der Crystal Ground-Funpark an der Kanzelwand-Talstation und ein Einsteiger- und Kinder-Funpark an der Fellhornbahn-Mittelstation.
Im Sommer ist das Fellhorn einer der schönsten Blumenberge Deutschlands und berühmt für seine Ende Juni rot blühenden Alpenrosen.
Der Gipfel des Nebelhorns ist ein bekannter Aussichtspunkt, von dem aus sich ein Panorama mit rund 400 Gipfeln bietet. Dort hinauf führt die höchste Kabinenbahn des Allgäus (2224 m). Im Winter bietet das Nebelhorn ein vielseitiges Skigebiet, im Sommer können Sie dort wandern und in den Hindelanger Klettersteig einsteigen. Mit Glück sehen Sie auch Murmeltiere und Adler.
Vom Nebelhorn starten Gleitschirmflieger; buchen Sie einen Tandemflug und schweben Sie mit ihnen ins Tal.
www.das-hoechste.de

ANDERL HECKMAIR

Anderl Heckmair (1906 - 2005) war einer der bekanntesten Oberstdorfer Bergsteiger. Er durchstieg im Juli 1938 mit seinem Freund Ludwig Vörg und den Österreichern Fritz Kasparek und Heinrich Harrer erstmals die Eiger-Nordwand. Die von ihnen benutzte Route wurde nach Heckmair benannt.

ROLLER

Wann sind Sie das letzte Mal ausgiebig Roller gefahren? Diesen Spaß bietet das Oytal-Haus bei Oberstdorf. Dabei haben Sie zwei Möglichkeiten: Sie fahren mit der Bahn aufs Nebelhorn und machen die mehrstündige Runde über das Laufbacher Eck oder Sie unternehmen eine Wanderung direkt von Oberstdorf zum Oytal-Haus. Haubenkoch Peter Redlich serviert nicht nur herzhafte Brotzeiten. Anschließend steigen Sie auf den Roller und fahren zurück ins Tal.
www.oytalhaus.de

Vom Nebelhorn aus können Sie auf 400 Gipfel blicken

Breitachklamm

Heini-Klopfer-Skiflugschanze

BREITACHKLAMM

Zwischen Oberstdorf und dem Kleinwalsertal liegt die Breitachklamm, die zu den bedeutendsten Naturschauspielen des Allgäus gehört. 1905 wurde dieses Geotop zugänglich gemacht. Heute zieht die Breitachklamm jährlich über 300.000 Besucher in ihren Bann. Ein Besuch lohnt sich zu jeder Jahreszeit: Je mehr Wasser fließt, desto imposanter wirkt die Klamm.

www.breitachklamm.de

SKIFLUGSCHANZE

Die Heini-Klopfer-Skiflugschanze im Stillachtal ist zurzeit die zweitgrößte Skiflugschanze der Welt. Der Sprungturm wird aufgrund seiner frei tragenden Spannbeton-Konstruktion von den Einheimischen auch als „Schiefer Turm von Oberstdorf" bezeichnet. Von dort segeln die weltbesten Skiflieger bis auf 225,5 Meter hinab. Eine Plattform am Turm bietet Touristen einen einmaligen Blick.

CamboMare

ANREISE

In vielen Städten Deutschlands bieten Busunternehmen Tagesausflüge nach oder Kurzurlaube in Kempten an. Die Stadt liegt sehr günstig im Herzen der Region und ist sowohl auf der Straße als auch auf der Schiene gut zu erreichen. Für Radtouristen bietet sich der Illerradweg Oberstdorf-Ulm an.

MIT DEM AUTO

Autobahn
A 7 Flensburg - Würzburg - Füssen

Bundesfernstraßen
B 12 München - Lindau
B 19 Ulm - Oberstdorf
B 309 Füssen - Kempten

CAMBOMARE 10

Das CamboMare bietet einen großen Badespaß und Saunagenuss für die ganze Familie. Tauchen Sie ein in eine moderne Bade- und Saunawelt: Erholen und Entspannen auf 60.000m². Verbringen Sie mit Ihrer Familie oder Ihren Freunden einen vielfältigen und bunten Erlebnistag. Lassen Sie sich im Strömungskanal treiben oder entspannen Sie in der Sprudelgrotte.
Elf verschiedene Saunen und eine ästhetische Architektur im römisch-bretonischen Stil laden zum Genießen ein. Die Saunalandschaft erhielt bereits die Auszeichnung „Europasauna mit 4 Perlen".
www.cambomare.de

MIT DEM FLUGZEUG

Allgäu Airport Memmingen
Die ideale Voraussetzung für die Anreise nach Kempten bietet der nahegelegene Allgäu Airport in Memmingerberg.
Der „heimelige" Flughafen ist über die Autobahn A7 (Fahrtdauer ca. 25 Minuten) gut an Kempten angebunden. Am Flughafen gibt es Leihwagen. Kempten ist auch mit öffentlichen Verkehrsmitteln einfach und schnell zu erreichen. Fahren Sie einfach per Linienbus vom Allgäu-Airport zum 4,5 km entfernten Bahnhof Memmingen und von dort aus mit den stündlichen Regionalverbindungen nach Kempten. Genaue Bus- und Zugverbindungen unter:
www.allgaeu-airport.de
www.bahn.de.

Flugplatz Kempten-Durach
Der Verkehrslandeplatz Kempten-Durach zählt zu den schönsten deutschen Flugplätzen für Sportflieger. Er liegt mitten in der herrlichen Allgäuer Voralpenlandschaft mit einem faszinierenden Alpenpanorama.

Der Schauspieler Heinz Rühmann drehte in Durach einst einen seiner bekannten Quax-Filme.
Heute wird der höchstgelegene Verkehrslandeplatz der Bundesrepublik (710 m) von Sportfliegern, Geschäftsreisenden und Fallschirmspringern genutzt. Er ist für Maschinen bis 5,7 Tonnen zugelassen.
www.edmk.de

MIT DEM ZUG

Von Kempten aus erreichen Sie alle wichtigen Ziele mit der Bahn. Mit dem Allgäu/Schwaben-Takt fahren Sie

Flugplatz Durach

auf den Strecken München–Lindau und Ulm–Oberstdorf umweltfreundlich und bequem.
Ein besonderes Erlebnis ist die Außerfernbahn, die auf einer landschaftlich reizvollen Bahnstrecke von Kempten über Oy, Nesselwang, Pfronten und Reutte/Tirol nach Garmisch-Partenkirchen führt.
Informationen über Fahrpreise und Zugverbindungen gibt es direkt bei der Deutschen Bahn über die gebührenpflichtige Rufnummer 0831-11861. Automatische Fahrplanauskünfte gibt es unter der kostenlosen Rufnummer 0800-1507090.
www.bahn.de

ALLGÄU-WALSER-CARD

Die Gästekarte öffnet Ihnen die Tür zu attraktiven Ausflugszielen in der Ferienregion Allgäu und Kleinwalsertal. Bei über 100 Bonuspartnern gibt es tolle Ermäßigungen, beispielsweise bei Wanderungen, Veranstaltungen und beim Parken. Wander-und Erlebnisangebote, Bergbahntickets sowie preiswerte Urlaubskarten für Bus und Bahn können auf die Karte gebucht werden.
www.oberallgaeu.de

ALPENRUNDFLUG

Erleben Sie die einzigartige Kulisse der Allgäuer Bergwelt in privater Atmosphäre. Nutzen Sie Ihren Aufenthalt im Allgäu für einen Rundflug über fantastische Alpenformationen. Ob Sie als Passagier oder als Pilot einsteigen – die Familie Bergmann ist für Sie ein erfahrener Partner.
www.lu-bergmann.de

ANGELN

Gewässer: Bachtelweiher, Niedersonthofener See, Rottachsee.
Fischarten: Hecht, Karpfen, Schleie, Forelle, Waller, Aal, Barsch, Rotauge, Zander.
Erlaubnisscheine im Angler-Fachmarkt, Westendstr. 15a in Betzigau, Tel. 0831-7049857.
www.angler-fachmarkt.de

APOTHEKEN

In Kempten gibt es zahlreiche Apotheken, die einen wechselnden Nachtdienst unterhalten. Hier eine Auswahl:

Bahnhof-Apotheke
Spezialist für natürliche Heilmethoden der Homöopathie und der Aromatherapie. (0831-52266-22)
www.bahnhof-apotheke.de

Bienenhaus

BIENENHAUS

Vor über 130 Jahren wurde der Imkerverein Kempten gegründet. Heute haben sich im Verein ungefähr 150 Imker zusammengeschlossen, die über 1.600 Bienenvölker pflegen. Der Lehrbienenstand mit dem Bienenlehrpfad befindet sich am südlichen Stadtrand von Kempten, am Adelharzer Weg, 200 m oberhalb des Parkplatzes der Firma Edelweiss.
www.imker-kempten.de

Landschaftspark Engelhalde

St. Lorenz-Apotheke
Das Haus liegt zentral am Hildegardplatz. (0831-22426)
www.st-lorenz-apotheke.de
Kastanien-Apotheke
Hier gibt es wohlriechende Pflanzenextrakte für Körper, Geist und Seele. (0800-5278264)
www.kastanien-apotheke.com

AUTO ABT

Innovation aus Tradition. Dieser Leitsatz steht für permanente Weiterentwicklung und ist bei der Kemptener Familie Abt seit nunmehr 1896 zentraler Bestandteil der Firmenphilosophie. Johann Abt entwickelte in seiner Schmiede in der Burgstraße eine Schlitten-Vorrichtung für Pferdefuhrwerke. Die ersten Autos, die eigentlich eher Motorkutschen waren, reparierte der Schmied ebenfalls. Das Unternehmen knüpfte einen engen Kontakt mit den Marken der späteren Auto Union, der bis heute anhält. Abt gehört zu den Pionieren der Branche und setzt als Tuner seit 1962 auf Leistungsplus und ausgefallene Optik.
Das Motorsport-Team hat den Namen Kempten weltweit bekannt gemacht. Johann Abt (1935–2003) startete 1952 seine Motorsport-Karriere und gewann über 300 Rennen. Sein Sohn Christian Abt gewann 1999 die Deutsche Super Tourenwagen Meisterschaft und 2009 die ADAC GT-Masters. Das Abt-Sportsline-DTM-Team um Firmenchef Hans-Jürgen Abt stellte in den Jahren 2002, 2004, 2007, 2008 und 2009 den Meister. 2009 wurde der 16-jährige Daniel Abt Champion der ADAC Formel Masters.

Skaten am Residenzplatz

AUSKUNFT

Informationsmaterial über Kempten, Hotels, Führungen und Ausflüge bietet die Tourist Information gleich neben dem Rathaus.
0831-2525-522
www.kempten.de

AUSSICHTSPUNKTE

In Kempten gibt es eine Reihe von interessanten Aussichts- und Fotopunkten mit Blick über die Stadt und das Umland:

Archäologischer Park Cambodunum
Burghalde
Auf der Halde
Jägerdenkmal
Mariaberg
Reichelsberg
Restaurant Skyline

BADEN

Im warmen Wasser liegen und sich Sprudelblasen um die Ohren blubbern lassen, mit dem Sprössling um die Wette schwimmen oder die Saunalandschaft genießen kann man im Familien-Freizeitbad CamboMare.
www.cambomare.de

BALLONFAHREN

Kempten ist der ideale Ausgangspunkt für eine Ballonfahrt über die Alpen. Von hier aus bietet sich ein herrliches Panorama, welches auch von Ballonfahrern aus ganz Europa geschätzt wird.
www.ballonsport-martin.de
www.bavaria-ballon.de
www.alpenballonsportclub-allgaeu.de

BUCHTIPPS

Ein Tag für Kempten - Ein Spaziergang durch Kempten von Michael Kobr und Ralf Lienert.
Wanderwege rund um Kempten**:** 24 Wandervorschläge von Christine Rothauscher und Ralf Lienert.
Kempten im Allgäu von Joachim Weigel und Werner Sienz.
Kempten–eine faszinierende Geschichte von Joachim Weigel.
Das Grundmeer v. Marianne Hacker.
www.allgaeubuch.de

BÜCHEREI

Die Stadtbibliothek liegt mitten im Herzen der Stadt am Hofgarten hinter der Residenz. In der ehemaligen Orangerie der Fürstäbte stehen auf zwei Ebenen über 120.000 Medien unterschiedlichster Art und Inhalte. Zusätzlich gibt es zwei Außerstellen.
0831-2525-723
www.kempten.de
Stadtteilbücherei Sankt Mang
Am Rotschlössle 9
0831-65394
Bücherei Heiligkreuz
Heiligkreuzer Straße 96
www.buecherei-heiligkreuz.de

BOWLING/KEGELN

In Kempten gibt es eine ganze Reihe von Kegel- und Bowlingbahnen. Hier eine Auswahl:
www.bowlingcenter-kempten.de
www.bigbowl-kempten.de
Jupp's Keglerstuben
0831-16463

ERSTER DIESELMOTOR

Am 5. März 1898 wurde der erste industrielle Dieselmotor der Welt in Kempten in Betrieb genommen. In der Zündholzfabrik am Pfeilergraben startete der erste für den kommerziellen Betrieb verkaufte Motor von Rudolf Diesel (1858 bis 1913). Als Student hörte der Augsburger 1878 an der Technischen Hochschule München Vorlesungen des Kemptener Professors Carl von Linde über die Dampfmaschine und deren schlechten Wirkungsgrad. Damals notierte Diesel: „Kann man Dampfmaschinen so konstruieren, welche den vollkommenen Kreisprozess ausführen, ohne zu sehr kompliziert zu sein?" In der Maschinenfabrik Augsburg entwickelte Diesel zwei Motorentypen mit 25 und 30 PS. Zu den ersten vier Bestellungen gehörte ein Zweizylindermotor mit 60 PS für die Zündholz- und Wichsefabrik am Pfeilergraben in Kempten. Wegen zu hoher Materialkosten für das russische Holz wurde die Fabrik Ende 1913 stillgelegt. Der Motor wurde nach Ottobeuren verkauft und später verschrottet.

CHRISTOPH 17

Seit 1980 ist der Rettungshubschrauber Christoph 17 am Klinikum in Kempten stationiert. Der orange Eurocopter-Hubschrauber ist für die Kemptener längst ein alltäglicher Anblick. Laut dem Bundesamt für Bevölkerungsschutz und Katastrophenhilfe ist Christoph 17 mit jährlich rund 1.600 Einsätzen der am zweithäufigsten eingesetzte Zivilschutz-Hubschrauber in Deutschland.

Eisstadion Kempten

CLAUDE DORNIER

Claude Dornier (*14. Mai 1884 in Kempten; †5. Dezember 1969 in Zug, Schweiz) wurde als Sohn eines französischen Vaters und einer deutschen Mutter geboren. Er war das älteste von sieben Kindern. Während seiner Jugend und Schulzeit an der Oberrealschule (heute Allgäu-Gymnasium) begeisterte ihn die Technik. Er studierte Maschinenbau an der Technischen Hochschule München. Dornier war Naturfreund und leidenschaftlicher Bergsteiger, der auch zur Zither griff und Schnaderhüpferl sang.

Er war Mitarbeiter von Ferdinand Graf von Zeppelin und wurde Teilhaber und Geschäftsführer eines Zweigwerkes für Flugzeugbau, das er 1932 voll übernahm und aus dem sich die Dornier-Werke entwickelten. Dort baute er vor allem Ganzmetallflugzeuge, insbesondere Landflugzeuge und Flugboote: Wal, Superwal, Do 18, Do X.

Ab 1956 wurde die Flugzeugproduktion in München-Neuaubing und Oberpfaffenhofen wieder aufgenommen.

www.dorniermuseum.de

EISSTADION

Im Kemptener Eisstadion wird seit über 30 Jahren Eishockey gespielt. In der Halle trainieren auch junge Eiskunstläufer und Eisstockschützen. Der abendliche Discolauf und die öffentlichen Eiszeiten sind bei Jung und Alt sehr beliebt.

www.eisstadion-kempten.de

FAMILIEN

Kempten versteht sich als kinder- und familienfreundliche Stadt. Sie bietet abwechslungsreiche Möglichkeiten für Kinder, Jugendliche und ihre Familien. Einen Beitrag dazu leistet auch der Aktionskreis familienfreundliches Kempten.

www.familien-kempten.de

FASCHING

Der Faschingsumzug der Rottachgilde stellt sich am Faschingssamstag an der Allgäu-Halle auf und führt über die Innenstadt zum Hofgarten. Tausende verfolgen das bunte Treiben in der Fußgängerzone und bilden ein langes Spalier.

www.faschingsgilde-rottach.de

FEIERTAGE

Neben den gesetzlichen Feiertagen gibt es im katholischen Teil Bayerns den Feiertag Mariä Himmelfahrt am 15. August. Dieser wird traditionell in die Allgäuer Festwoche eingebunden.

FENEBERG

Kempten ist Sitz der Firma Feneberg mit rund 3.800 Mitarbeitern. Das regional tätige Familienunternehmen betreibt 14 Verbrauchermärkte, 67 Supermärkte, Metzgerei- und Backwarenproduktion sowie Systemküche, Restaurants und Catering. Das Unternehmen erhält für Lebensmittel aus eigener Produktion jährlich über 150 Qualitätspreise der Deutschen Landwirtschaftsgesellschaft (DLG).

FLOHMARKT

In Kempten gibt es beinahe jedes Wochenende einen Flohmarkt. Ob an der Allgäu-Halle, Eishalle, Stadtpark oder beim Nachtflohmarkt - es gibt immer etwas zum Stöbern.
www.flohmarkt-termine.net

FÜHRUNGEN

Führungen durch die Stadt beginnen ganzjährig am Samstag um 11.00 Uhr und am Montag um 14.00 Uhr. Von Mai bis Oktober zusätzlich am Donnerstag um 14.00 Uhr. Treffpunkt ist die Tourist Information am Rathaus. Dort werden auch Audioguides in deutscher und englischer Sprache für einen individuellen Stadtrundgang angeboten. Auskünfte zu Stadtführungen unter Tel. 0831-2525-522.
www.kempten.de

FUNKENFEUER

Pünktlich zum Beginn der Fastenzeit, am Sonntag nach Faschingsende, erleuchten Funkenfeuer an vielen exponierten Stellen in Kempten und im Oberallgäu den Nachthimmel. Der alemannische Brauch vertrieb den Winter, symbolisiert durch eine Strohhexe, und sollte böse Geister abwehren. Andere Überlieferungen schreiben ihm Fruchtbarkeitsriten und keltische Brandopfer zu. Heute ist das Funkenfeuer ein geselliger und optisch reizvoller Anlass. Obendrein beschert es Gaumenfreuden in Form von süßen „Funke-Kiechla", die zum Funkenfeuer einfach dazugehören.

REINHARD FURRER

Reinhard Alfred Furrer wurde am 25. November 1940 im österreichischen Wörgl geboren. Nach 1945 fand die Familie in Kempten eine neue Heimat. Furrer besuchte die Oberrealschule (Allgäu-Gymnasium) und legte dort das Abitur ab. Während seiner Studienzeit beteiligte er sich an Fluchthilfeaktionen im damals geteilten Berlin. Das Mauermuseum Berlin verdankt ihm einen beim Tunnelbau benutzten Erdtransportwagen.
Am 30. Oktober 1985 startete Furrer an Bord des Space Shuttles Challenger zur D1-Mission als Nutzlastspezialist. Furrer untersuchte die Auswirkungen der Schwerelosigkeit bei der Materialverarbeitung und auf den menschlichen Körper.
Nach seinem Raumflug wurde er 1987 Professor und Direktor des Instituts für Weltraumwissenschaften an der Freien Universität Berlin. Furrer war begeisterter Sportpilot und starb am 9. September 1995 bei einem Flugzeugabsturz während einer Flugshow in Berlin. Er liegt auf dem Friedhof unter der Burghalde begraben.

GOLF
Kempten verfügt mit dem Golfpark Schloßgut Lenzfried am Friedensweg 4 über eine 9-Loch-Anlage.
www.golfzentrumkempten.de

HAUS DER SENIOREN
Treffpunkt in der Altstadt für Unterhaltung, Sport, Bewegung, Reisen, Beratung, Bildung mit Seniorenakademie und vielen anderen Angeboten.
Schützenstraße 2
0831-2525-690

HOCHSCHULE
Die Hochschule Kempten – University of applied sciences – versteht sich als weltoffene Hochschule des Allgäus mit einer praxisnahen, interdisziplinär ausgerichteten sowie internationalen- und zukunftsorientierten Hochschulausbildung. Als höchstgelegene Hochschule Bayerns unterstützt die Hochschule Kempten in Kooperation mit dem Allgemeinen Deutschen Hochschulsportverband und dem Deutschen Skiverband Spitzenathleten des Wintersports, die zeitgleich eine sportliche Karriere und eine akademische Ausbildung verfolgen.
Jährlich bewerben sich fast 4.000 Interessenten für einen Studienplatz in Kempten – Tendenz weiter steigend. Über 3.500 Studierende sind derzeit in zehn Studiengängen eingeschrieben. 86 Professoren bewerkstelligen den Großteil der Vorlesungen, unterstützt von ca. 200 Lehrbeauftragten aus der freien Wirtschaft.
Das Studienangebot der Hochschule Kempten umfasst verschiedene Studiengänge folgender Fachrichtungen:

* **Ingenieurwissenschaften**
* **Betriebswirtschaft & Tourismus**
* **Soziales & Gesundheit**
* **Informatik & Multimedia**

Innerhalb dieser Studienrichtungen gibt es beispielsweise Global Business Development, Logistik (Master) oder Gemeinwesenentwicklung, Quartiersmanagement und Lokale Ökonomie (Weiterbildungsmaster).
www.fh-kempten.de

Hochschule Kempten: Thomas-Dachser-Auditorium

HOCHZEITEN

Die Stadt Kempten hat im Rathaus ein stilvolles Trauzimmer eingerichtet. An ausgesuchten Tagen bietet die Stadt einen besonderen Hochzeitsservice und macht den Lesesaal der fürstäbtlichen Orangerie zum Trauzimmer.
www.weddix.de

JUGENDZENTREN

Stadt und Stadtjugendring Kempten betreiben ein Jugendhaus und drei Jugendzentren in den Stadtteilen.
www.jugendhaus-kempten.de
www.stadtjugendring-kempten.de

KARTENVORVERKAUF

Allgäuer Zeitungsverlag Kartenservice, Bahnhofstraße 13
www.all-in.de
Buchhandlung Dannheimer
Bahnhofstraße 4
www.allgaeubuch.de
bigBox Allgäu
www.bigboxallgaeu.de

Kletterwand im Engelhaldepark

TV-RICHTER HOLD

Alexander Hold (geb. 1962) aus Kempten zählt zu den bekanntesten Gesichtern im deutschen Privatfernsehen. Als Richter Alexander Hold ist er seit 2001 täglich bei Sat1 zu sehen. Der Reserveoffizier hat zahlreiche juristische Bücher veröffentlicht (u.a. „Das ist Ihr Recht: Verkehrsverstoß – Was tun?“). Hold heiratete 2002 und hat mit seiner Frau Michaela zwei Kinder. Seit 1995 engagiert sich Alexander Hold für Straßenkinder in Brasilien und Haiti. 2008 wurde Hold auf der Liste der Freien Wähler in den Stadtrat von Kempten gewählt.

IGNAZ KIECHLE

Ignaz Kiechle (geb. 1930) aus Reinharts bei Kempten war von 1983 bis 1993 Bundesminister für Ernährung, Landwirtschaft und Forsten. Von 1958 bis 1968 leitete er als Landwirt den elterlichen Betrieb. Von 1966 bis 1972 war er Mitglied im Gemeinderat von Sankt Mang und im Kreistag von Kempten, von 1969 bis 1994 Mitglied des Deutschen Bundestages. Der Vater von vier Kindern galt als überzeugter Europäer. Sein Credo auf europäischer Ebene war die Politik der Mengensteuerung gegen eine Preisreduzierung. Er starb am 2. Dezember 2003 in Kempten.

KIRCHEN
Kempten ist Sitz des katholischen und des evangelischen Dekanats. In der katholisch geprägten Region entfaltete sich nach dem Bauernkrieg 1525 die Reformation. In der Stadt gibt es nicht nur eine Vielzahl von katholischen und evangelischen Pfarrkirchen, sondern auch zahlreiche Kapellen. Im Geiste der Ökumene sind in Kempten weitere Glaubensrichtungen etabliert.

KLETTERZENTRUM
Das DAV-Kletterzentrum Kempten im Engelhaldepark ist ein beliebter Treffpunkt zu allen Tageszeiten. Abends trainieren die Freizeitkletterer bei Flutlicht. Zu den Gästen zählen immer wieder Mitglieder der Deutschen Nationalmannschaft. In der außergewöhnlichen Turmanlage gastierte auch schon die komplette ukrainische Jugendnationalmannschaft zum Training.

www.alpenverein-kempten.de

KNEIPPANLAGE
Im Engelhaldepark zwischen geschützten Ruhezonen ist eine Kneippanlage angelegt. Der benachbarte Kiosk am Weiher bietet Erfrischungen und Kuchen.

www.kneippverein-kempten.de

LAUFEN
HALBMARATHON
21,1 km laufend durch die Kemptener Innenstadt: Rund 2.500 Läuferinnen und Läufer werden Ende April zum größten Laufwettbewerb in Schwaben erwartet. Zuschau-

Primus Trubar war Pfarrer an der St. Mang-Kirche. In Kempten entwickelte er die slowenische Schriftsprache und ist auf der slowenischen 1-Euro-Münze abgebildet

erfreundlich führt die Laufstrecke durch Kemptens City. Start und Ziel ist der Residenzplatz. Damit verbunden ist jeweils ein Kinderlauf und ein 5.000-Meter-Hobbylauf.
www.kempten-halbmarathon.de

VORALPENMARATHON

Eine ausgesprochen schöne und typische „Voralpen-Strecke" führt durch durch die Hügel, Wiesen und Wälder westlich von Kempten.
Auf der gesamten Strecke sind ca. 1.350 Höhenmetern zu bewältigen.
www.voralpenmarathon.de

SILVESTERLAUF

Das Jahresende wird in Kempten traditionell mit dem Silvesterlauf am 31.12. über 10 km eingeleitet. Start ist am Illerstadion mit drei Laufrunden auf beiden Seiten der Iller.
www.silvesterlauf-kempten.de

LAUFTREFF

Jeden Montag und Mittwoch treffen sich Sportler zum Lauftreff. In unterschiedlichen Leistungsgruppen absolvieren Läufer und Nordic-Walker eine einstündige Runde.
www.lauftreff-kempten.de

MEDIZINISCHE DIENSTE

Kempten bietet eine große Bandbreite an medizinischen Einrichtungen und Spezialisten.

Ärztl. Notdienst: 01805-191212
Klinikum: 0831-5300
Tierärztl.Notdienst: 0831-12286
Apotheken: 0800-2282280

MINIGOLF

In Kempten gibt es eine Reihe von Minigolfanlagen, die sich über die ganze Stadt verteilen: Auf der Breite nahe Bowlingcenter, am Bachtelweiher und im Steinbruch in Sankt Mang.
www.bgc-kempten-06.de
www.minigolf-allgaeu.de

NOTRUF

Polizei / Notruf 110
Feuerwehr / Rettungsdienst 112
Ärztl. Notfalldienst 01805-191212
Zahnärztlicher Notdienst:
www.notdienst-zahn.de

Tierärztl. Notdienst: Dr. Fritz Albrecht (Frühlingstraße 26) 0831-26686
Apothekennotdienst:
www.kempten.de/de/notdienst.php

Start zum Halbmarathon auf dem Residenzplatz

PANNENHILFE

In Kempten gibt es eine Reihe von Abschleppunternehmen sowie ADAC-Vertragspartner. Zu den größten Autohäusern in der Region zählt der VW-Partner Walter Seitz in der Heisinger Str. 2, **0831-704920**
www.autohaus-seitz.de
Brandt & Gabler Abschleppdienst
Gewerbestraße 16
0831-9258

ERNST MAYR

Ernst Walter Mayr wurde am 5. Juli 1904 in Kempten geboren. Schon als Junge interessierte er sich für Vögel. 1908 zog die Familie nach Würzburg. 1923 schrieb Mayr seine erste Abhandlung über die Kolbenente. Im gleichen Jahr begann er in Greifswald Medizin zu studieren, wechselte zur Zoologie und arbeitete in Berlin. 1926 promovierte er mit 21 Jahren und erforschte 1928 und 1930 in Neuguinea und auf den Salomon-Inseln Vögel. Die dort gewonnenen Kenntnisse in der Biogeographie wurden zur Grundlage seiner späteren evolutions-theoretischen Überlegungen.
1931 ging er an das American Museum of Natural History in New York und wechselte 1953 an die Harvard-Universität in Cambridge. Auch nach seiner Emeritierung 1975 arbeitete er weiter an der Harvard-Universität, wo er bis zu seinem Tode am 3. Februar 2005 in Bedford, tätig war. Mayr gilt als der Hauptvertreter der modernen synthetischen Evolutionstheorie. Der Mann mit 20 Doktortiteln zählt zu den größten und einflussreichsten Naturforschern des 20. Jahrhunderts.

PARKEN

In der Innenstadt steht eine Vielzahl von Parkplätzen zur Verfügung. Um die Suche nach einem Parkplatz zu erleichtern, verfügt Kempten über ein Parkleitsystem. Kostenloses Parken u.a. an der Rottachstraße (nördlich der Feuerwehr), am Illerdamm (Zufahrt über die Kaufbeurer Straße) und an der Allgäu-Halle.

PARKS

Diese „Oasen“ bieten Ruhe und Erholung. Im Herzen der Stadt sind der Stadtpark, der Hofgarten und die Burghalde, ein paar Minuten vom Zentrum entfernt erhebt sich der großzügig angelegte Landschaftspark Engelhalde, den Kinder wegen der attraktiven Spielmöglichkeiten lieben.

POLIZEI

Polizeidirektion
Auf der Breite 17
0831-9909-0
www.polizei.bayern.de

POST

Die Deutsche Post unterhält zahlreiche Postfilialen, die teilweise in Kombination mit den Feneberg-Lebensmittelmärkten arbeiten.
Die Hauptpost ist im Forum Allgäu, Eingang Albert-Ott-Straße.
01802-3333 (0,06 €)*

REISEWETTER

Auskünfte über das Reisewetter bieten eine Reihe von Internetplattformen. Zeitnah informieren kann man sich auch über die Webcams in Kempten und dem Allgäu:
www.all-in.de/allgaeu_freizeit/webcams/
www.wetter.info
www.wetter.de

SAUNA

Neben dem CamboMare gibt es noch:

Cambodunum Sauna und Fitness
Illerdamm 4
www.vitalium-cambodunum.de
INJOY Kempten
Mozartstraße 4
www.injoy-kempten.de
INJOYlady Kempten
Albert-Ott-Straße 2
www.injoylady-kempten.de
Schwimmsauna Brigitte Mayr
Peter- Dörfler- Str. 26
0831-76781
www.saunasauna.de

SCHULEN IN KEMPTEN

Kempten ist die zentrale Schul- und Hochschulstadt des Allgäus. In rund 50 allgemein- und berufsbildenden Schulen – darunter drei Gymnasien, vier Realschulen und drei Hauptschulen – werden der Jugend viele Bildungsmöglichkeiten geboten.

Volkshochschule Kempten
www.vhs-kempten.de
Sing- und Musikschule Kempten
www.musikschule-kempten.de

Sauna im CamboMare Kempten

SPIELPLÄTZE

Im Stadtgebiet werden 72 öffentliche Spielplätze und 27 öffentliche Bolzplätze unterhalten. Es gibt in jedem Stadtteil eine Reihe von Kinderspielplätzen. Die Stadt ist dazu übergegangen, Abenteuerspielplätze anzulegen, die bei Kindern großen Anklang finden. Spielplätze mit besonderer Ausstattung:

- Illerdamm
- Cambodunumpark
- Engelhalde-Park
- Tiefenbacher Straße
- Bürgerpark Thingers
- Stadtweiher
- Orangerie
- Neuhausen
- Weiherstraße

Auswahl an Bolzplätzen:

- Cambodunumweg
- Engelhalde
- Illerdamm
- Stadtweiher
- Friedrichshafener Straße
- Leutkircher Straße

Jugendspielplatz mit Skateranlage und Bolzplatz im Hofgarten
Skateranlage beim Illerstadion
Skatertreffpunkt Residenzplatz

SPORT

Kempten ist eine Stadt mit sportlicher Tradition. Seit mehr als 150 Jahren organisieren sich die Bürger in Sportvereinen. Mit dem TVK 1856 hat der größte schwäbische Sportverein seine Arena in der Stadt. Mit mehr als 11.000 Mitgliedern ist die Sektion Allgäu-Kempten des Deutschen Alpenvereins der mit weitem Abstand größte Verein der Region.

www.tvk1856.de
www.kempten.de
www.alpenverein-kempten.de

Spielplatz Zwingerstraße

SQUASH

Die Tennishalle in der Oberwanger Str. 43 bietet 5 Squash-Plätze.
www.tennis-kempten.de
www.squash-club-kempten.de

STADTVERWALTUNG

Die Stadtverwaltung am Rathausplatz bietet ein virtuelles Bürgerbüro im Internet, auf dem nicht nur aktuelle Nachrichten veröffentlicht werden. Hier lassen sich eine Vielzahl von Anträgen beziehen sowie Termine online vereinbaren und Wunschkennzeichen reservieren.
Öffnungszeiten:
Mo-Fr: 8.00-12.00 Uhr
Mo: 14.30-17.30 Uhr
Mi: 12.00-13.00 Uhr
www.kempten.de

STERNWARTE

Die Sternwarte in Kempten bietet jeden ersten und dritten Donnerstag im Monat Beobachtungen an, vorausgesetzt, der Himmel ist klar. Sommerzeit ab 20.00 Uhr; Winterzeit ab 21.00 Uhr geöffnet.
www.sternwarte-kempten.de

KLIMATABELLE FÜR KEMPTEN

Mittelwerte	JAN	FEB	MÄR	APR	MAI	JUN	JUL	AUG	SEP	OKT	NOV	DEZ
Tagestemperatur	2	4	8	13	17	21	23	22	19	14	7	3
Nachttemperatur	-5	-4	-1	3	7	10	12	12	9	4	0	-4
Sonnenstunden	2	3	4	5	6	7	8	7	6	4	2	2
Regentage pro Monat	16	15	13	14	15	16	16	15	13	12	14	14

TENNIS

Der weiße Sport ist in Kempten stark vertreten. Neben dem traditionellen Tennis Club Kempten beim Cambo-Mare gibt es eine Reihe von Sportvereinen mit einer eigenen Tennisabteilung. Dazu kommen die Tennishalle in Oberwang und der Sportpark in Waltenhofen mit weiteren Plätzen.
www.tc-kempten.de

VERKEHR

Im innerörtlichen Verkehr sorgt der durchgängig 4-spurige Mittlere Ring für eine optimale Erreichbarkeit aller Stadtteile mit dem Individualverkehr.

Mit dem Bus

Dreh- und Angelpunkt des „Öffentlichen-Personen-Nahverkehrs (ÖPNV) in Kempten ist die „ZUM", die „Zentrale Umsteigestelle". Die Verkehrsgemeinschaft Kempten ermöglicht ein einheitliches Tarifsystem im nördlichen Landkreis Oberallgäu und in der Stadt Kempten. Eine Tageskarte kostet für Erwachsene 5,10 Euro, für Kinder die Hälfte. Für alle Bus- und Zugverbindungen innerhalb Kemptens und dem Oberallgäu kostet die Tageskarte 11 Euro, eigene Kinder unter 15 Jahren sind kostenfrei.

85 Busse befördern aus der Stadtmitte heraus jährlich ca. 7,0 Millionen Fahrgäste und sind täglich zwischen 5.00 Uhr und 20.45 Uhr im Einsatz. Die „ZUM" hat auch ein Informationszentrum mit folgenden Öffnungszeiten: Mo - Fr 7.30 - 18.00 Uhr und Sa 9.00 - 12.00 Uhr.
Kostenlose Service-Telefon-Nr:
0800-1154600 (im Ortsnetzbereich) oder **0831-52288-0**
www.kempten.de

Orangerie im Hofgarten

Taxi

Taxi-Funk Zentrale
0831-25552, 0831-25555, 0831-23333, 0831-19410
Taxi-Ruf Zentrale
0831-77777
Taxi Meisburger
0171-8510570

Taxistandplätze in Kempten:
- Auf´m Plätzle (Lyzeum/Nordseite)
- Bahnhofstraße 12-18
- Hauptbahnhof
- Hildegardplatz („Zum Stift")
- Kaufbeurer Straße/St. Mang-Brücke
- Klinik Robert-Weixler-Straße
- Residenzplatz (Aberle)

Anrufsammeltaxi-AST

Kempten bietet für Nachtschwärmer einen besonderen Service, das Anruf-Sammeltaxi. Nach einer Feier oder einem Kino- oder Theaterabend kommen Sie sicher, bequem und preiswert nach Hause, auch ins Kemptener Umland.

Sie können Ihr Taxi bereits während des Tages unter der Nummer ***0831 -12555*** bestellen, Ihre Wünsche sollten aber spätestens 30 Minuten vor Fahrtantritt bei der AST-Zentrale registriert sein. Mitte 2010 kostet eine Fahrt von Kempten nach Wiggensbach z. B. 5,50 Euro. Jugendliche unter 18 Jahren und Inhaber von Zeit-Karten fahren günstiger.

Radwege

Die Stadt Kempten liegt an folgenden Radwanderwegen:
- Allgäu Radweg (Weitnau-Schongau)
- Illerradweg (Oberstdorf bis Ulm)

www.bayerninfo.de
Menü Bayernnetz für Radler

Elektrofahrrad

Sportlicher Radurlaub im Allgäu. Leihen Sie sich ein Elektrofahrrad beim Hotel am Forum oder im Hotel Waldhorn in Kempten.
www.hotel-am-forum.de
www.waldhorn-kempten.de

VOLKSTANZ

In Kempten gibt es eine Reihe von Gruppen und Vereinen, die den Allgäuer Volkstanz und die Tracht pflegen. Dazu zählen die Bergmännle Kempten, Edelweiß Kempten, Kempter Meise, Unterillertaler Kempten.
www.allgaeuer-gauverband.de
www.edelweiss-kempten.de
www.unterillertaler.de

WANDERN

Kempten ist in ein umfangreiches Wanderwegenetz eingebunden.
Die Wanderkarte Kempten (10 Tourenvorschläge) ist für 3,90 EUR in der Tourist Information Kempten erhältlich.
Topografische Karte für Kempten 1:50.000, ISBN 978-3-86038-491-6.

Deutscher Alpenverein
Sektion Allgäu-Kempten
Kleiner Kornhausplatz 1
0831-20927
www.alpenverein-kempten.de

Jakobs-Pilgerweg

Durch Kempten führt ein Teilabschnitt der Strecke München-Bodensee. Auf den städtischen Wegweisern ist der Pilgerweg mit einer Muschel gekennzeichnet.

WELLNESS

Wellness in Kempten ist unter den Stichworten Baden und Sauna zu finden.

WOHNMOBILE

Für Wohnmobilfreunde gibt es in Kempten neun Wohnmobil-Stellplätze mit Frischwasserversorgung und einer Entsorgungsanlage. Die Aufenthaltsdauer beträgt maximal 3 Tage, die Kosten EUR 5,- pro Tag.
Die Stellplätze befinden sich am Illerstadion, Ecke Illerdamm/Jahnweg. Die Altstadt Kemptens ist von dort rasch zu Fuß erreichbar.
www.wohnmobil-stellplatz.net

ZELTPLATZ

Für Jugendgruppen (Verbände, Vereine, Schulklassen etc.) befindet sich im Ortsteil Rothkreuz ein Jugendzeltplatz. Nähere Auskünfte beim Stadtjugendring.
0831-13438
www.stadtjugendring-kempten.de

Für Campingbegeisterte wird in der Umgebung Kemptens einiges geboten: Am ca. 6 km entfernten Öschlesee bei Sulzberg und am ca. 12 km entfernten Niedersonthofener See bei Waltenhofen gibt es mehrere Campingplätze.

ÜBERSICHT ÜBER DIE WICHTIGSTEN KEMPTENER FESTE

ALLGÄUER FESTWOCHE

Das bedeutendste Fest in Kempten. Siehe Seite 20/21

ALTSTADTFEST

Mit einem bunten Programm wartet das Altstadtfest mit Kinderfest Mitte Juli rund um den St. Mang-Platz und den Rathausplatz auf. Musik, Kirchturm-Führungen, Kinder-Flohmarkt und vieles mehr werden geboten.

altstadtfreunde-kempten.de

APC-SOMMER

Der „APC-Sommer" ist eine Partnerschaft von Stadt und Kleinkunstverein Klecks. Inmitten der Ruinen der einstigen Römerstadt Cambodunum werden „Tempel, Jazz und Theater" geboten. Auf dem Programm stehen Lesungen, Theater, Kunst, Feste und viel Musik von Klassik bis zu neuem Jazz.

www.klecks.de

AUTOAUSSTELLUNG

„Kempten bewegt sich", lautet das Motto bei der Kemptener Autoausstellung Anfang Mai in der Innenstadt. Hier heißt es Verhandeln, Probesitzen oder Probefahrten vereinbaren.

FAMILIENTAG

Spiel, Spaß und Spannung stehen beim Familientag Mitte September in Kempten traditionell auf dem Programm. Im Mittelpunkt des Tages stehen die Familien.

www.cm-kempten.de

FÜRSTENSAAL-CLASSIX

International renommierte Künstler geben sich im September für das Kammermusikfestival „Fürstensaal Classix" in Kempten ein Stelldichein. Eine Woche erklingen in öffentlichen Proben und feinen Konzerten Highlights und Raritäten der Kammermusik durch alle Epochen bis hin zu Erst- und Uraufführungen.

www.fuerstensaal-classix.de

JAZZFRÜHLING

Siehe Seite 12

MITTERNACHTS-EINKAUF

Einen stimmungsvollen Start in die Vorweihnachtszeit bieten die Kemptener Händler und Gastronomen am ersten Adventssamstag. Die Geschäfte der Innenstadt haben bis 24.00 Uhr geöffnet. Auch der romantische Kemptener Weihnachtsmarkt am Rathausplatz hält seine Pforten bis Mitternacht offen. Zusammen mit dem Kulturamt der Stadt Kempten organisiert das City-Management ein vielfältiges Kulturangebot.

www.cm-kempten.de

STADTFEST

Siehe Seite 18

TAG DER MUSIK

In der Kemptener Innenstadt spielen Mitte Juni über 40 Bands unterschiedlichster Stilrichtungen zugunsten eines guten Zwecks und begeistern die Besucher. Das Einzigartige am Tag der Musik ist, dass sich Jahr für Jahr viele verschiedene musizierende Künstler zusammenfinden, um gemeinsam eine gute Sache zu unterstützen und um in der Kemptener Innenstadt für Stimmung zu sorgen.

www.cm-kempten.de

WEIHNACHTSMARKT

Siehe Seite 22

ISBN 978-3-88881-064-0

1. Auflage 2010 Redaktionsschluss 06. August 2010

Herstellung
AZ Druck und Datentechnik GmbH, Kempten

Text
Ralf Lienert

Fotos
Ralf Lienert
Werner Sienz Titelseite unten
Christoph Lienert S. 13,75

Karten
Ralf Lienert
Übersichtskarte Allgäu Innenklappe vorne GeographicInfoService

Wir freuen uns, dass Sie sich für diesen Stadtführer entschieden haben. Auch wenn alle Informationen aus zuverlässigen Quellen stammen und sorgfältig geprüft sind, lassen sich Fehler nie ganz ausschließen. Wir bitten um Verständnis, dass der Verlag dafür keine Haftung übernehmen kann. Ihre Hinweise und Anregungen sind uns wichtig und helfen uns, den Stadtführer ständig weiter zu verbessern. Bitte schreiben Sie uns: Verlag T. Dannheimer, Bahnhofstr. 4, 87435 Kempten, info@allgaeubuch.de

Gedruckt auf chlorfrei gebleichtem Papier

Die Einschrumpffolie (zum Schutz vor Verschmutzung) ist aus umweltschonender und recyclingfähiger PE-Folie.

www.allgaeubuch.de

Winterwanderung auf den Kemptener Mariaberg

REGISTER